Das große Pfannen-, Schmarren- und Gröstl-Kochbuch

Herzhaft & Süß

Leopold Stocker Verlag
Graz – Stuttgart

Umschlagfotos: Kochen und Küche

Bibliografische Information Der Deutschen Bibliothek
Die Deutsche Bibliothek verzeichnet diese Publikation in der Deutschen Nationalbibliographie; detaillierte bibliografische Daten sind im Internet über http://dnb.ddb.de abrufbar.

Hinweis:
Dieses Buch wurde auf chlorfrei gebleichtem Papier gedruckt.
Die zum Schutz vor Verschmutzung verwendete Einschweißfolie ist aus Polyethylen chlor- und schwefelfrei hergestellt. Diese umweltfreundliche Folie verhält sich grundwasserneutral, ist voll recyclingfähig und verbrennt in Müllverbrennungsanlagen völlig ungiftig.

ISBN 3-7020-1025-4

Printed in Austria
Druck und Bindung: Druckerei Theiss GmbH, A-9431 St. Stefan

INHALT

Pfannengerichte

Schmarren

Gröstln

Alphabetisches REGISTER

Vorwort

Blick über den Tellerrand

Das vorliegende Kochbuch umfasst rund 120 mit Phantasie und Kreativität kreierte Anleitungen zur Zubereitung schmackhafter Pfannengerichte.
Doch was nützt das beste Rezept, wenn auf Qualität und Geschmack der einzelnen Zutaten zu wenig Wert gelegt wird. Blicken wir einmal in unseren Einkaufskorb. Haben wir auf Saisonalität, Frische, Geschmack und Regionalität der Produkte geachtet oder ließen wir uns von der bunten Vielfalt des heutzutage ganzjährigen Obst- und Gemüseangebotes blenden?
Esskultur beginnt bei der Herstellung und behutsamen Behandlung jedes Lebensmittels, weshalb auch ein Blick über den Tellerrand hinaus angebracht ist.
Haben die Nahrungsmittel lange Transportwege hinter sich? Stammen sie von Betrieben, die auf Massenproduktion ausgerichtet sind oder wurden sie von naturnah und nachhaltig wirtschaftenden Landwirten erzeugt? Wie wurden Borstenvieh, Rind und Hühnchen gefüttert, wurden sie artgerecht gehalten oder stammt das Fleisch aus Tierfabriken? Fördert die Mahlzeit neben dem Sättigungsgefühl auch Lebensfreude, Wohlbefinden und Gesundheit? Eigenschaften, die Ernährungsberater, Ärzte und Fernsehköche meist der mediterranen Küche zuschreiben. Das Gelingen und der Wert einer guten Mahlzeit ist jedoch weniger von verschiedenartigen Zubereitungsmethoden, als von der Wahl der Ingredienzien abhängig.
Während der Alpenländer sein Auge beim Lebensmitteleinkauf oft auf Euro und Cent ausrichtet, achtet der Mittelmeerbewohner in erster Linie auf beste Grundzutaten - hochwertige, saisonale Lebensmittel aus der Umgebung, auf deren Produktions- und Verarbeitungsmethoden er vertrauen kann.
Quintessenz: Man nehme eine Pfanne, Zeit und Liebe für die Zubereitung, halte sich an schmackhafte, regionale Qualitätserzeugnisse der Jahreszeit und veredle diese - wie auf den folgenden Seiten beschrieben - zu wahren Gaumenfreuden!

Manfred Flieser
Gastronomiekritiker, Autor & Slow Food Aktivist

Einleitung

In's Pfandl g'schaut...

Vom „Restl" veredeln

Man nehme die Reste vom Sonntagsbraten oder vom gekochten Geselchten, frische Zwiebeln, Petersilie, Salz, Pfeffer, und - ganz wichtig - gekochte, speckige Erdäpfel (die mehligen zerfallen!), röste alle Zutaten in ausreichend Fett, am besten Schmalz, schon ist eine der unzähligen Gröstel-Varianten kreiert. Denn was ins Gröstel kommt, bestimmt der Koch, und so finden neben Erdäpfeln auch Nudeln, Reis, Nockerln und schier alles Grünzeug den Weg ins Pfandl. Jede Region hat dabei ihre „Gröstel-Favoriten", und so ist dem Tiroler sein „Tiroler Gröstl", was dem Wiener sein „Grenadiermarsch" ist.

Die Bezeichnung Grenadiermarsch stammt übrigens aus der Soldatensprache und verdankt ihre Herkunft vermutlich jener typisch militärischen Restlküche, die wohl auch darin ihren Niederschlag fand, dass es in so gut wie jedem k. u. k. Haushalt mindestens ein „Mannsbild" gab, das „gedient" und seine kulinarischen Erfahrungen vom Militär mit nach Hause gebracht hatte. Wie dem auch sei, billig und einfach zubereitet schmecken Gröstel immer und können als Beilage, als Zwischengericht oder mit Salat auch als Hauptspeise serviert werden.

Des Kaiser's Leibgericht

Der „Ur-Schmarren" war ein ganz einfaches Bauernküchenkind, das im Laufe der Jahrhunderte Karriere gemacht hat. Anfangs aus grob gemahlener Hirse mit Wasser oder Milch zubereitet, kam er erst viel, viel später mit Zucker und Rosinen in Berührung.

Um das wohl berühmteste süße Pfandl-Gericht, den „Kaiserschmarren" ranken derweil zahlreiche Gerüchte. Einer Legende zufolge soll der Leibkoch Ihrer Majestäten in Ischl den Kaiserschmarren kreiert haben. Bei einem der Aufenthalte des hohen Paares in Ischl ließ sich der k. k. Küchenchef etwas Neues, Leichtes für die Kaiserin einfallen. Da er wusste, dass Sisi Probleme mit den Zähnen hatte, kochte er einen Schmarren. Er kopierte den Kaserschmarren, eine in Oberösterreich beliebte einfache Süßspeise aus Mehl, Milch und Eiern und verfeinerte das Gericht mit Rosinen. Der Kaiser verstand den Namen schlecht und meinte, dass der Koch ihm zu Ehren die neue Mehlspeis „Kaiserschmarren" genannt habe.

Eine andere Legende wiederum berichtet von einer kaiserlichen Jagd, die in einer Hütte endete, wo der Senner - auch „Kaser" genannt - dem Kaiser einen „Kaserschmarren" vorsetzte. Der Kaiser war angeblich so begeistert, dass er das Gericht kurzerhand in „Kaiserschmarren" umtaufte.

Pfandl-Manie

Fast schien es schon, als seien all die Köstlichkeiten, die wir bei unseren Müttern oder Großmüttern so besonders geschätzt hatten, ein Stück Vergangenheit. Dabei standen einfache Pfannengerichte zum Sattessen seit eh und je auf ländlichen und bäuerlichen Mittagstischen. So manche Speise hielt auch Einzug in die bürgerliche Küche der Städte.

Doch machen Tirolergröstel und Kaiserschmarren beileibe nicht den Reichtum der Pfandl-Küche aus! So besinnen sich heute nicht nur Gastwirte dieser altbekannten, bodenständige Gerichte, sondern auch Freunde von herzhaften, einfachen Speisen. Entstanden sind viele dieser Schmankerln aus der Verschmelzung von ländlicher Küchentradition mit städtischer Bürgerküche, böhmischer Kochkunst, vermischt mit italienischen und ungarischen Einflüssen. Es sind Gerichte, die über Jahrhunderte gewachsen sind, zubereitet mit saisonalen Zutaten und ganz typisch für die Region, der sie entstammen.

Dieses Buch bietet dem Feinschmecker, der köstliche Hausmannskost zu schätzen weiß, ein Kulinarium der besonderen Art.

Ing. Ingrid Weiss
Diplomdiätassistentin & Ernährungsmedizinische Beraterin
myLINE - Ernährung & Bewegung
ARGE für Ernährungsmedizin, Universitätsklinikum Graz

Pfannengerichte

Heidelbeernockerln

Zutaten
500 g Heidelbeeren
180 g glattes Mehl
4 Eier
1 Pck. Vanillezucker
Saft von 1/2 Zitrone
Butter zum Ausbacken
Staubzucker zum Bestreuen

Weinschaum
1/8 l Weißwein
4 Dotter
3 EL Staubzucker

Zubereitung

Die Heidelbeeren verlesen, waschen und vorsichtig trockentupfen; danach in einen Schneekessel geben und Mehl darüber sieben; Zitronensaft und Vanillezucker einrühren, Eier beifügen und alles gut mit einem Kochlöffel vermengen; in einer geeigneten Pfanne 1 EL Butter erhitzen und mit Hilfe eines Esslöffels Nockerln aus der Heidelbeermasse formen; die Heidelbeernockerln in die heiße Butter einlegen, etwas flach drücken und 4 - 5 Minuten anbacken lassen; vorsichtig wenden und auch an der anderen Seite 4 - 5 Minuten lang anbacken; danach aus der Pfanne nehmen und im Backrohr warmhalten; diesen Vorgang so oft wiederholen, bis die Heidelbeermasse zur Gänze aufgebraucht ist; für den Weinschaum Weißwein, Dotter und Staubzucker über Dunst zu einem Schaum schlagen.

ERGIBT 4 - 6 PORTIONEN

Apfelspalten *in Weinteig gebacken*

Zutaten
4 große, säuerliche Äpfel
Saft von 1/2 Zitrone
1 Prise Zimt
1 kleines Stamperl Rum
2 Dotter, 1 Ei
30 g Staubzucker
ca. 100 g glattes Mehl
Weißwein nach Bedarf
Öl zum Backen
Staubzucker und Zimt zum Bestreuen

Fruchtsauce
250 g Erdbeeren (TK-Ware)
120 g Staubzucker
etwas Zitronensaft
1 kleines Stamperl Cointreau

Vorbereitung
Die Erdbeeren bei Zimmertemperatur ca. 1 1/2 Stunden auftauen; mit Staubzucker einmal aufkochen lassen und danach durch ein feines Sieb streichen; mit Cointreau und Zitronensaft verfeinern und warm stellen; Dotter mit Ei, Staubzucker und so viel gesiebtem Mehl glatt verrühren, dass ein sehr dicker Teig entsteht; mit Weißwein nach Bedarf so verdünnen, dass er die Konsistenz eines Palatschinkenteiges bekommt.

Zubereitung
Die Äpfel schälen, achteln und die Kerngehäuse entfernen; Rum mit Zitronensaft und Zimt vermengen und über die Apfelspalten gießen; sodann die Apfelspalten durch den Teig ziehen und in reichlich heißem Fett (die Apfelspalten sollen im Fett schwimmen) goldgelb backen; danach auf Küchenpapier gut abtropfen lassen, mit etwas Staubzucker und Zimt bestreuen und mit der Erdbeersauce anrichten.

ERGIBT 4 PORTIONEN

Vollkorn-Liwanzen

mit Heidelbeeren

Zutaten
200 g Weizenvollkornmehl
10 g Germ
1/8 l Milch (lauwarm)
2 EL Butter (flüssig)
1 Ei, 1 EL Zucker
geriebene Schale von 1/2 Zitrone
Butter zum Backen

Fülle
200 g Topfen
Mark einer Vanilleschote
Saft und geriebene Schale von 1/2 Zitrone
1 TL Ahornsirup
300 g frische Heidelbeeren
1 großes Stamperl Himbeergeist

Staubzucker zum Bestreuen
Heidelbeeren und Minzeblätter zum Garnieren

Vorbereitung

Die Germ in der lauwarmen Milch auflösen; das Mehl in eine Schüssel sieben, in der Mitte eine Vertiefung machen und das Germ-Milchgemisch hineingießen; alles verrühren und zugedeckt 15 Minuten gehen lassen; sodann die flüssige Butter, das Ei, den Zucker und die Zitronenschale beifügen und alles zusammen zu einem glatten Teig verkneten; diesen zugedeckt an einem kühlen Ort rasten lassen.

Zubereitung

Für die Fülle den Topfen mit Vanilleschotenmark, Ahornsirup, Zitronenschale und -saft zu einer cremigen Masse verrühren; die Beeren waschen, abtropfen lassen und mit dem Himbeergeist marinieren; auf einer bemehlten Arbeitsfläche den Germteig ausrollen und mit einem runden Ausstecher (Krapfenausstecher 8 cm) zwölf Scheiben ausstechen (oberes Bild); die Butter erhitzen; die Germteig-Scheiben einlegen und an beiden Seiten goldbraun backen; danach herausnehmen und auf Küchenpapier legen; sechs Liwanzen mit der halben Menge der Topfencreme bestreichen; die Heidelbeeren darauf verteilen, die restliche Creme daraufgeben und mit den übrigen Liwanzen abdecken (unteres Bild); die Vollkorn-Liwanzen auf Tellern anrichten, mit Staubzucker bestreuen und mit Heidelbeeren und Minzeblättern verzieren.

ERGIBT 6 PORTIONEN

Obersdalken *mit Himbeermarmelade*

Zutaten
120 g glattes Mehl
3 Eier
1/8 l Obers
1 Prise Salz
80 g Staubzucker
Schale von 1/2 Zitrone
Butter und Öl zum Backen
150 g Himbeermarmelade
(siehe Rezept)
1 großes Stamperl Cointreau
etwas Vanillezucker

Staubzucker zum Bestreuen
Minzeblättchen zum Garnieren

ERGIBT 4 PORTIONEN

Vorbereitung
Die Eier trennen; das Mehl zusammen mit den Dottern und Salz unter das kalte Obers rühren; 20 Minuten rasten lassen; danach wieder kräftig durchrühren; die Himbeermarmelade erwärmen, mit Cointreau und etwas Vanillezucker vermengen und warm stellen.

Zubereitung
Die Eiklar mit dem gesiebten Zucker zu sehr festem Schnee schlagen und zusammen mit der Zitronenschale unter die Obersmasse ziehen; in einer Pfanne (Dalkenpfanne) etwas Butter-Ölgemisch erhitzen und den Teig jeweils dünn eingießen; beidseitig goldgelb backen; je zwei Dalken mit Marmelade zusammensetzen, mit Staubzucker übersieben und vor dem Servieren mit Minzeblättchen garnieren.

Himbeermarmelade
1 kg Himbeeren waschen, abtropfen lassen und mit 1 kg Gelierzucker vermischen; Saft von 1 Zitrone beifügen; alles erhitzen und aufkochen lassen (die Himbeeren sollen verkochen); danach durch ein Sieb pürieren und nochmals 2 - 3 Minuten aufkochen lassen; noch heiß in gereinigte Gläser füllen und verschließen.

Holunderblüten *in Kirschensauce*

Zutaten
8 Holunderblütendolden
2 Eier
200 g Weizenmehl, glatt
1/4 l Weißwein
1 EL Öl
10 g brauner Zucker
1 Prise Salz und Kardamom
Fett zum Backen
Kirschensauce
500 g reife Kirschen
1/4 l Rotwein (oder Kirschensaft)
2 EL Honig
1 EL Kirschwasser

ERGIBT 4 PORTIONEN

Vorbereitung
Kirschen waschen, entstielen entkernen und in Rotwein kurz durchkochen; danach im Mixer pürieren, durch ein Sieb streichen und zuletzt mit Honig und Kirschwasser verfeinern; nach Wunsch kann die Kirschensauce auch mit etwas Stärkemehl gebunden werden, muss dann aber noch einmal aufkochen.

Zubereitung
Holunderblütendolden in kleinere Dolden zerteilen; vorsichtig waschen und abtropfen lassen; mit einem Tuch etwas abtupfen; die Eier trennen; Eiklar in den Kühlschrank stellen; das Mehl in eine Schüssel geben und mit Wein, Öl, Dottern, Zucker, Salz und Kardamom zu einem glatten Teig rühren; den Teig etwa 20 Minuten ruhen lassen; das Eiklar sehr steif schlagen und unter den Backteig heben; in einer geeigneten Pfanne genügend Öl erhitzen; die Holunderblüten in den Backteig tauchen, ausbacken und mit der Kirschensauce servieren.

Kaiser-Omelett

Zutaten
pro Portion berechnet
20 g Butter
40 g glattes Mehl
1/8 l Milch
2 Dotter
1 Prise Salz
etwas geriebene Orangenschale
3 Eiklar
1 EL Kristallzucker
Fülle
60 g Ribiselmarmelade
etwas Rotwein

Butter für die Pfanne
Staubzucker zum Bestreuen

Vorbereitung
Die Butter erhitzen und das Mehl darin leicht anrösten, ohne es jedoch Farbe nehmen zu lassen; nach und nach die kalte Milch beifügen und glatt verrühren, sodass eine brandteigartige Masse entsteht; Salz und Orangenschale beifügen; die Masse vom Feuer nehmen, etwas überkühlen lassen und erst dann die Dotter einrühren; die Eiklar mit dem Kristallzucker zu steifem Schnee schlagen und vorsichtig unter die Teigmasse heben; das Backrohr auf 200 Grad vorheizen.

Zubereitung
In einer Omelettenpfanne 1/2 EL Butter erhitzen, den Teig hineingeben und die Oberfläche mit einer Palette glatt verstreichen; bei mittlerer Hitze 3 - 4 Minuten (nur auf einer Seite) anbacken; danach die Pfanne in das vorgeheizte Backrohr stellen und 10 - 12 Minuten fertig backen; Ribiselmarmelade und Rotwein einmal aufkochen lassen; das Omelett damit füllen, zusammenklappen und auf einen vorgewärmten Teller gleiten lassen; vor dem Servieren das Omelett mit Staubzucker bestreuen.

Vanillecreme-Omeletts

Zutaten für 4 Portionen

Sauce
120 g Kochschokolade
9 EL Kristallzucker
3 EL Wasser

Omelett
12 Eier, 4 EL Milch
etwas Salz
Butter zum Ausbacken

Fülle
1 Pck. Vanillepuddingpulver
1/2 l Milch und 50 g Kristallzucker für den Pudding
1/2 l Obers
100 g frische Waldbeeren

250 g Waldbeeren zum Belegen
Staubzucker zum Bestreuen

Vorbereitung

Den Kristallzucker mit Wasser verrühren und einmal aufkochen lassen; zerkleinerte Schokolade beifügen und auflösen; die Schokoladesauce warm stellen; Vanillepudding nach Packungsanleitung bereiten und warm halten; die Waldbeeren verlesen, abzupfen und waschen.

Zubereitung

In einer geeigneten Pfanne ein nussgroßes Stück Butter erhitzen; pro Portion drei Eier mit etwas Milch und etwas Salz kräftig versprudeln und in die Pfanne gießen; mit einer Gabel rundum lockern und anbacken lassen; danach mit einer Backschaufel wenden und auch an der anderen Seite backen; das Omelett auf einen vorgewärmten Teller gleiten lassen und warm stellen; restliche drei Omeletts ebenso bereiten; das Obers steif aufschlagen und mit 100 g Waldbeeren unter den warmen Vanillepudding ziehen; mit dieser Creme die Omeletts füllen und zusammenklappen; vor dem Servieren die Omeletts mit der Schokoladesauce übergießen und mit Waldbeeren bestreuen; zuletzt die Omeletts mit Staubzucker übersieben.

Himbeerdalken

Zutaten für 4 Portionen
3 Eier
2 Dotter
110 g glattes Mehl
ca. 3/8 l Milch
1 Pck. Vanillezucker
50 g Staubzucker
1 Prise Salz
250 g Himbeeren
70 g Kristallzucker
1 kleines Stamperl Rum

Butter zum Backen
Staubzucker zum Bestreuen
Himbeersauce, Melisseblättchen und Himbeeren zum Garnieren

Vorbereitung
Die Eier trennen; 5 Dotter mit dem gesiebten Mehl, Milch, Vanille- und Staubzucker glatt versprudeln; danach einige Minuten rasten lassen; die Himbeeren abzupfen, waschen und in einem Sieb gut abtropfen lassen; mit Kristallzucker und Rum vermengen.

Zubereitung
Die Eiklar mit Salz zu steifem Schnee schlagen und zusammen mit den Himbeeren unter die Dottermasse heben; in einer Dalkenpfanne Butter erhitzen und mit einem kleinen Schöpfer jeweils den Teig eingießen; bei mittlerer Hitze beidseitig goldbraun backen; danach herausnehmen und warm halten; den Vorgang so oft wiederholen, bis der Teig aufgebraucht ist; die Dalken anrichten, mit Staubzucker bestreuen und mit Himbeersauce, frischen Himbeeren und Melisseblättchen garnieren.

Cointreau-Omeletts

Zutaten für 4 Portionen
8 Eier
glattes Mehl nach Bedarf
70 g Kristallzucker
1 Prise Salz
3/8 l Milch
4 unbehandelte Orangen
50 g Würfelzucker
1 großes Stamperl Cointreau
40 g Butter
100 g Orangenmarmelade
Saft von 1 Zitrone
4 EL Öl

50 g Mandelblättchen
Staubzucker zum Bestreuen

Vorbereitung
Die ungeschälten Orangen mit dem Würfelzucker abreiben; die Zuckerwürfel in der halben Menge des Likörs auflösen; die Orangen schälen; die Spalten auslösen und zum Abtropfen auf ein Gitter legen; den Saft dabei auffangen; die Eier trennen; Dotter und Milch verrühren und mit dem Mehl zu einem dickflüssigen Teig verarbeiten; die Eiklar mit Kristallzucker und Salz zu steifem Schnee schlagen.

Zubereitung
Butter in einer Pfanne erhitzen und die Orangenspalten darin an beiden Seiten anbraten; mit der Zuckerlösung, dem restlichen Cointreau und dem Orangensaft aufgießen und kurz karamellisieren lassen; Marmelade und Zitronensaft beifügen, mollig verkochen lassen und warm stellen; in einer geeigneten Pfanne Öl erhitzen; jeweils ein Viertel des Teiges eingießen und beidseitig goldbraun backen; danach die Omeletts mit der Orangensauce füllen und zusammenklappen; vor dem Servieren die Omeletts mit Mandelblättchen bestreuen und mit Staubzucker übersieben.

Creme-Omeletts *mit Marillenfülle*

Zutaten
8 Eier
160 g Kristallzucker
1/2 Vanilleschote
60 g Butter zum Ausbacken
Fülle
500 g Marillen
80 g Staubzucker
Saft von 1/2 Zitrone
20 g Butter

Staubzucker zum Bestreuen

ERGIBT 4 PORTIONEN

Vorbereitung

Die Marillen waschen, halbieren und die Kerne entfernen; die Marillenhälften in Butter, Staubzucker und Zitronensaft zugedeckt auf kleiner Flamme 10 - 12 Minuten (je nach Reife der Früchte) dämpfen; danach warm halten.

Zubereitung

Mit einem scharfen Messer das Mark aus der Vanilleschote schaben; die Eier trennen; die Eiklar mit Kristallzucker cremig-steif aufschlagen; sodann mit einer Schneerute Dotter und Vanillemark unterrühren; es soll eine cremige, aber nicht zu feste Masse entstehen; in einer passenden Pfanne einen Teil der Butter erhitzen und ein Viertel der Eiermasse hineingeben; bei geringer Hitze zu einem Omelett backen; während des Backvorganges mehrmals mit einer Gabel auflockern, damit die Eimasse gleichmäßig gerinnt; ein Viertel der Marillenfülle auf die Hälfte des Omeletts verteilen; das Omelett zusammenklappen und warm halten; auf diese Weise die übrigen drei Omeletts bereiten; vor dem Servieren die Omeletts mit Staubzucker bestreuen.

Blinis mit Kaviar

Zutaten
100 g Buchweizenmehl
100 g Weizenmehl, glatt
1 Pck. Trockengerm
3 Dotter
etwas Salz und Zucker
50 g Butter
ca. 1/4 l lauwarme Milch
Öl zum Backen

300 g Lachskaviar
2 Becher Crème fraîche
Salz und weißer Pfeffer

Vorbereitung
Beide Mehlsorten in eine Schüssel geben und mit der Trockengerm gut vermischen; Dotter, Zucker und Salz beifügen; die Butter in etwas Milch auflösen und in die Mehlmasse rühren; mit der restlichen Milch zu einem dickflüssigen Teig verarbeiten; mit einem Kochlöffel kurz durcharbeiten; danach mit einem Tuch abdecken und 30 Minuten gehen lassen.

Zubereitung
Crème fraîche mit Salz und Pfeffer würzen und glatt rühren; in einer beschichteten Pfanne Öl erhitzen und darin portionsweise kleine (ca. 7 cm Durchmesser) Blinis goldbraun ausbacken; vor dem Servieren auf die noch warmen Blinis einen Tupfen Crème fraîche und eine beliebige Menge Kaviar setzen.

ERGIBT 20 STÜCK

Omelett *mit Paprikaschoten und Paradeisern*

Zutaten
pro Portion berechnet
3 Eier
etwas Salz
frisch gemahlener Pfeffer
2 EL Öl
30 g Zwiebel
50 g rote Paprikaschoten
100 g Paradeiser
1 Knoblauchzehe
40 g Butter, etwas Suppe
je 1 Prise Thymian und Majoran
etwas Tabasco-Sauce
1/2 Bund Petersilie

Schalottenringe, Chilischoten und Petersilie zum Garnieren

Vorbereitung
Die Zwiebel schälen und fein hacken; die Paprikaschoten waschen, halbieren, ausputzen und in kleine Würfel schneiden; die Paradeiser kurz in kochendes Wasser tauchen, schälen und ebenfalls kleinwürfelig schneiden; die Petersilie waschen und fein hacken; den Knoblauch schälen und in feine Scheibchen schneiden.

Zubereitung
Butter in einer Pfanne erhitzen und die Zwiebel darin hell rösten; Paradeiser, Paprika und Knoblauch beifügen und mitrösten lassen; mit Suppe aufgießen und eindicken lassen; Petersilie beifügen und mit Thymian, Majoran, Tabasco-Sauce, Salz und Pfeffer würzen; die Sauce verkochen lassen; danach warm stellen; Eier mit Salz und Pfeffer versprudeln; in einer Pfanne Öl erhitzen; die Eiermasse eingießen und an beiden Seiten rasch zu goldgelber Farbe backen; das Omelett mit der Sauce füllen, zusammenklappen und mit Schalottenringen, Chilischoten und Petersilie garnieren.

Kürbisfladen *mit Kräutern*

Zutaten
1 kg Speisekürbis
300 g Zwiebeln
2 Knoblauchzehen
3 Eier
1 Bund Petersilie
1 Bund Dille
glattes Mehl nach Bedarf
etwas Salz
frisch gemahlener Pfeffer
Öl zum Backen

ERGIBT 4 PORTIONEN

Vorbereitung
Den Kürbis schälen, grob raspeln und salzen; danach vermischen und 10 Minuten stehen lassen; die Zwiebeln schälen und hacken; den Knoblauch schälen und fein hacken; die Kräuter waschen und fein hacken; das Kürbisfleisch gut ausdrücken.

Zubereitung
Das Kürbisfleisch mit Eiern, Zwiebeln, Kräutern, Salz, Pfeffer und Knoblauch gut vermengen; sodann mit gesiebtem Mehl zu einem Teig verarbeiten; der Teig soll die Konsistenz eines Palatschinkenteiges haben; in einer geräumigen Pfanne genügend Öl erhitzen; mit einem Löffel dünne, nicht zu kleine Fladen eingießen und diese beidseitig 4 - 6 Minuten zu schöner Farbe backen; danach herausnehmen und auf Küchenpapier gut abtropfen lassen; dazu passen beliebige Saucen wie Remoulade oder ein Kräuterdip.

Käse-Omelett *mit Erdäpfeln*

Zutaten
pro Portion berechnet
3 Eier
2 mittlere Erdäpfel (Sieglinde)
1 kleine Zwiebel
70 g Emmentaler Käse
etwas Salz
frisch gemahlener Pfeffer
1 Knoblauchzehe
30 - 40 g Butter

geriebener Käse und gehackte Petersilie zum Bestreuen

Vorbereitung
Die Erdäpfel kochen, schälen und in kleine Würfel schneiden; den Emmentaler Käse ebenfalls in kleine Würfel schneiden; den Knoblauch schälen und in feine Scheibchen schneiden; die Zwiebel schälen und feinst hacken; die Petersilie waschen und klein hacken; das Backrohr auf 220 Grad vorheizen.

Zubereitung
Die Butter in einer geeigneten Pfanne erhitzen; Zwiebel und Erdäpfel darin anbraten, Knoblauch beifügen und kurz mitrösten; mit Salz und Pfeffer würzen; die Eier mit Salz gut versprudeln; den Emmentaler Käse zugeben; diese Masse rasch in die Pfanne gießen, die Hitze etwas reduzieren und das Omelett anbacken lassen; sodann im Backrohr einige Minuten überbacken; vor dem Servieren das Omelett zusammenklappen und mit Käse und Petersilie bestreuen.

Reis-Gemüselaibchen

Zutaten für 4 - 6 Portionen
280 g Maiskörner (Dosenware)
250 g Karotten
200 g Lauch
120 g Naturreis
1 mittlere Zwiebel
1 Bund Petersilie
60 g Butter
3 Eier
Salz und Pfeffer
50 g geriebener Parmesan
Semmelbrösel zum Binden

Öl zum Backen
gehackte Petersilie
zum Bestreuen

Vorbereitung

Die Zwiebel schälen und hacken; den Lauch waschen, putzen und in feine Ringe schneiden; den Reis in Salzwasser kochen, bis er weich ist; danach in einem Sieb abtropfen lassen; den Mais gut abtropfen lassen; die Karotten waschen, schälen und auf einer groben Küchenreibe reißen; die Petersilie waschen und fein hacken.

Zubereitung

Alle vorbereiteten Zutaten mit Parmesan vermengen und mit Salz und Pfeffer würzen; die Butter auf Handwärme bringen, mit Salz und den Eiern schaumig rühren und in das Gemüse einrühren; mit Semmelbröseln binden; in einer geräumigen Pfanne ausreichend Öl erhitzen; aus der Reismasse Laibchen formen und im heißen Öl an beiden Seiten zu goldgelber Farbe backen; danach herausnehmen und auf Küchenpapier gut abtropfen lassen; die Laibchen mit gehackter Petersilie bestreuen und mit Kräutermayonnaise sowie frischem Salat servieren.

Jäger-Omelett *mit Champignons*

Zutaten
pro Portion berechnet
3 Eier
2 EL Crème fraîche
Salz und weißer Pfeffer
Fülle
100 g Champignons
etwas Zitronensaft
100 g Hühnerleber
2 EL Bratensaft
2 EL Butter

Butter zum Backen
Petersilie zum Bestreuen

Vorbereitung
Die Champignons putzen, waschen und in nicht zu dünne Scheiben schneiden; mit etwas Zitronensaft beträufeln, um ein Braunwerden zu verhindern; die Hühnerleber sorgfältig putzen, waschen und in etwa nussgroße Stücke schneiden; 2 EL Butter in einer flachen Pfanne erhitzen und die Leber darin so lange anbraten, bis sie sich steif anfühlt; sodann die Champignons beifügen und unter ständigem Rühren mitbraten lassen; zuletzt den Bratensaft zugießen und alles warm stellen.

Zubereitung
Die Eier mit Crème fraîche versprudeln und mit Salz und Pfeffer würzen; in einer geeigneten Pfanne etwas Butter erhitzen und die Eiermasse eingießen; anfänglich etwas verrühren, damit die Masse besser stockt; insgesamt 4 - 5 Minuten backen, bis die Unterseite schön goldbraun ist; das Leber-Champignongemisch auf dem Omelett verteilen; das Omelett zusammenklappen, auf einem vorgewärmten Teller anrichten und mit Petersilie bestreuen.

Gemüse-Eierkrapferln

Zutaten
Erdäpfelmasse
300 g Erdäpfel, 1 Zwiebel
1 Knoblauchzehe, 2 EL Öl
etwas Salz, Pfeffer
etwas Thymian
50 g Oliven, mit Paprika gefüllt
4 Eier

Zucchinimasse
1 Zucchini, ca. 300 g
1 Zwiebel
1 Knoblauchzehe
50 g Salami, 2 EL Öl
etwas Salz, Pfeffer und Oregano
4 Eier

Butter für die Muldenform

Zubereitung

Erdäpfelkrapferln

Das Backrohr auf 180 Grad vorheizen; Erdäpfel waschen, dämpfen, schälen und in kleine Würfel schneiden; Zwiebel und Knoblauch schälen und fein hacken; Öl erhitzen; Zwiebel und Knoblauch darin andünsten; Erdäpfel zugeben, mit Thymian bestreuen und braun anbraten; Oliven in Scheiben schneiden, unter die Erdäpfelmasse mischen, salzen und pfeffern; eine 12-förmige Muldenform mit Butter befetten; die Erdäpfelmasse in 6 Mulden füllen; die Eier mit etwas Salz und Pfeffer aufschlagen und über die Erdäpfelkrapferln gießen.

Zucchinikrapferln

Die Zucchini putzen und längs in 4 Teile schneiden; die Zucchiniteile in dünne Scheiben schneiden; Zwiebel und Knoblauch schälen und fein hacken; Salami in kleine Scheibchen schneiden; das Öl erhitzen; Zwiebel, Knoblauch, Zucchini und Salami darin andünsten; mit Salz, Pfeffer und Oregano würzen; die Masse in die noch leeren Mulden füllen; Eier mit Salz und Pfeffer aufschlagen und über die Zucchinikrapferln gießen; danach im Backrohr ca. 12 - 15 Minuten backen.

ERGIBT je 6 STÜCK

Crêpes *mit Eierschwammerln*

Zutaten
120 g Weizenmehl
1/4 l Milch, 2 Eier, 2 EL Öl
Salz und weißer Pfeffer
Öl zum Ausbacken

Fülle
1 kleine Zwiebel, 2 EL Öl
500 g Eierschwammerln
2 Wacholderbeeren, zerdrückt
1/8 l Obers
1/8 l Hühnersuppe
2 TL Weizenmehl
1/2 Bund Petersilie

8 Scheiben Hamburger Speck
Fett für die Form
80 g Gouda Käse
Petersilie zum Bestreuen

Vorbereitung

Aus Milch, Mehl, Eiern, Öl, Salz und Pfeffer einen glatten Palatschinkenteig herstellen; den Teig ca. 20 Minuten quellen lassen; die Zwiebel schälen und fein schneiden; die Petersilie waschen und fein hacken; die Eierschwammerln putzen und gründlich säubern; Zwiebel in 2 EL heißem Öl andünsten; Eierschwammerln beifügen und bei starker Hitze ca. 5 Minuten rösten; mit Wacholderbeeren, Salz und Pfeffer würzen und mit 2 TL Mehl stauben; gut durchrösten und mit Obers und Suppe aufgießen; gut aufkochen lassen; die Petersilie einrühren.

Zubereitung

Das Backrohr auf 200 Grad vorheizen; das Öl in einer geeigneten Pfanne erhitzen und nacheinander Crêpes ausbacken; danach die Crêpes mit der Eierschwammerlmasse füllen und einrollen; mit je einer Speckscheibe umwickeln und in eine befettete Form legen; Gouda Käse reiben und darüber streuen; im Backrohr ca. 15 Minuten überbacken; vor dem Servieren die Crêpes mit Petersilie bestreuen.

ERGIBT 4 PORTIONEN

Mais-Omelett *mit bunten Paprikaschoten*

Zutaten
pro Portion berechnet
3 Eier, etwas Salz
frisch gemahlener Pfeffer
1 EL Obers oder Milch
40 g Butter
1 Maiskolben
je 1/4 gelbe und rote Paprikaschote
1 kleine Zwiebel
1 Knoblauchzehe

Schnittlauch zum Bestreuen

Vorbereitung
Den Maiskolben putzen, waschen und ca. 20 Minuten (nicht in Salzwasser) kochen; danach herausnehmen und mit einem Messer die Körner abschneiden; die Paprikaschoten waschen und in kleine Würferl schneiden; Zwiebel schälen und fein hacken; Knoblauch schälen und in feine Scheibchen schneiden; Schnittlauch waschen und in Röllchen schneiden.

Zubereitung
Die Eier mit Salz, Pfeffer und Milch oder Obers gut versprudeln; Butter in einer geeigneten Pfanne zerlassen; Maiskörner, Paprikaschoten, Knoblauch und Zwiebel darin anrösten; danach das Eiergemisch darüber gießen; bei mittlerer Hitze anbacken; die Eiermasse mit einer Palette ein wenig lockern und kurz vor dem Stocken von beiden Seiten einschlagen; das so goldgelb gebackene Omelett auf einen Teller stürzen, mit Schnittlauch bestreuen und sofort servieren.

Kräuter-Omelett *mit Blattspinat*

Zutaten
pro Portion berechnet
3 Eier
etwas Salz und Pfeffer
frische, gehackte Kräuter wie Petersilie, Dille, Schnittlauch, Kerbel und Kresse
300 g Blattspinat
1/2 EL fein gehackte Zwiebel
1 Knoblauchzehe
1 Prise Muskatnuss
1 EL Butter

Vorbereitung

Den Knoblauch schälen und in feine Scheibchen schneiden; den Spinat gründlich waschen; harte Stiele sowie welke Blätter entfernen; die Zwiebel in etwas Butter glasig rösten; sodann Spinat und Knoblauch beifügen; mit Salz, Pfeffer und Muskatnuss würzen; alles bei schwacher Hitze einige Minuten garen lassen; danach von der Kochstelle nehmen und warm stellen.

Zubereitung

Die Eier kräftig aufschlagen; mit Salz und Pfeffer würzen; Kräuter untermischen; restliche Butter in einer geeigneten Pfanne erhitzen, die Eiermasse eingießen und backen lassen; danach das Omelett mit einer Palette in der Pfanne zusammenklappen, auf einen vorgewärmten Teller stürzen, oben einschneiden und mit dem Spinat füllen.

„Maiskrusteln“ *mit grüner Sauce*

Zutaten für 4 Portionen
1/4 l Milch, 1/4 l Wasser
1 TL Salz
1 Knoblauchzehe, zerdrückt
1 TL Currypulver
etwas Muskatnuss
150 g Maisgrieß (Polenta)
4 Maiskolben
4 Eier
Öl zum Ausbacken

Sauce
100 g Löwenzahnblätter
100 g würziger Hartkäse (Parmesan oder alter Gouda)
1/8 l Sauerrahm
3 EL Semmelbrösel
etwas Salz und Pfeffer
1 Knoblauchzehe, geschält

Vorbereitung

Wasser mit Milch, Salz, der Knoblauchzehe, Currypulver und Muskatnuss zum Kochen bringen; Maisgrieß einrieseln lassen und unter ständigem Rühren ca. 18 Minuten bei schwacher Hitze köcheln; mit einem scharfen Messer die Körner aus den Maiskolben heraustrennen; dabei jeweils an den Längsseiten jeder Körnerreihe entlang schneiden; Maiskörner und Maisbrei mit 4 Eiern verrühren.

Zubereitung

Das Öl in einer Pfanne erhitzen; aus der Masse kleine Fladen bereiten und diese an beiden Seiten backen; für die Sauce Löwenzahn waschen, gut abtropfen lassen und grob hacken; Käse reiben und mit gehacktem Löwenzahn, Sauerrahm, Semmelbröseln, Salz, Pfeffer und der Knoblauchzehe im Mixer pürieren.
Die „Maiskrusteln“ als Beilage oder kleinen Imbiss mit der grünen Sauce servieren.

Steinpilz-Omelett

Zutaten für 1 Portion

Omelett
3 Eier, 1 Prise Salz
1 EL Milch, 20 g Butter

Fülle
100 g Steinpilze
etwas Öl
1 EL fein gehackte Zwiebel
Salz und Pfeffer
3 EL Obers
beliebige, frische, gehackte Kräuter wie Petersilie, Estragon und Schnittlauch
etwas Worcestersauce

Petersilie zum Garnieren

Vorbereitung

Die Pilze waschen, putzen und in dünne Scheiben schneiden; in einer geräumigen Pfanne etwas Öl erhitzen und die Zwiebel darin hell anrösten; die Pilze beifügen und mitrösten lassen; danach mit Salz und Pfeffer würzen; das Obers steif aufschlagen und zusammen mit den Kräutern und der Worcestersauce unter die Pilze mengen; alles glatt verrühren; die Sauce danach nicht mehr kochen lassen.

Zubereitung

Die Eier mit Salz und Milch glatt verrühren; die Butter in einer geeigneten Pfanne erhitzen und die Eiermasse eingießen; die Masse anbacken lassen, nach 4 Minuten wenden und auch an dieser Seite backen; die Pilze darauf geben, das Omelett zusammenklappen und auf einen Teller gleiten lassen; vor dem Servieren mit Petersilie garnieren.

Erdäpfelrösti *mit Vollkornmehl*

Zutaten

6 große, mehlige Erdäpfel
1 mittlere Zwiebel
etwas Butterschmalz
120 g frisch gemahlenes Weizenvollmehl
etwas Salz
frisch gemahlener Pfeffer
100 g Leinsamen
1/2 Bund Petersilie
1/2 EL Kümmel
2 Knoblauchzehen
3 Eier
Fett zum Backen

Vorbereitung

Zwiebel schälen, fein hacken, in Butterschmalz anrösten und erkalten lassen; Petersilie waschen und fein hacken; Knoblauch schälen und feinst hacken; die Erdäpfel waschen, schälen und auf einer groben Küchenreibe reißen; die Eier gut versprudeln.

Zubereitung

Die Erdäpfel in eine tiefe Schüssel geben; Mehl, Salz, Pfeffer, Leinsamen, Kümmel, Petersilie, Zwiebel, Knoblauch und Eier untermengen; in einer passenden Pfanne genügend Fett erhitzen; aus der Erdäpfelmasse dünne Laibchen formen, in das heiße Fett einlegen und beidseitig knusprig braun braten; danach herausnehmen und auf Küchenpapier gut abtropfen lassen.

Die Erdäpfelrösti können als Beilage oder mit frischem Salat als Hauptgericht serviert werden.

ERGIBT 4 PORTIONEN

Paprikalaibchen

Zutaten
600 g gemischtes, mageres Faschiertes
3 Semmeln
Milch zum Einweichen
etwas Salz und Pfeffer
Semmelbrösel nach Bedarf
1 Prise Majoran
1 Bund Petersilie
3 Knoblauchzehen
1 große Zwiebel
2 EL Tomatenmark
1 EL edelsüßes Paprikapulver
2 EL Öl, 2 Eier
1 rote und 1 grüne Paprikaschote, etwas Essig
Semmelbrösel
Öl zum Ausbacken

Gemüsegarnitur
2 grüne Paprikaschoten
1 rote Paprikaschote
3 Knoblauchzehen
3 EL Öl
gehackte Petersilie

Vorbereitung
Semmeln in kalter Milch einweichen, ausdrücken und grob faschieren; Knoblauch schälen und zerdrücken; Petersilie waschen und fein hacken; Paprikaschoten waschen, ausputzen und fein hacken; das Faschierte mit den Semmeln, Salz, Pfeffer, Majoran und Knoblauch gut vermengen und 20 Minuten im Kühlschrank rasten lassen; Zwiebel schälen und fein hacken; Öl in einer Pfanne gut erhitzen und darin die Zwiebel goldgelb rösten; Tomatenmark beifügen und mit Essig ablöschen (oberes Bild); gehackte Paprikaschoten, Petersilie, Paprikapulver und Eier zugeben; dieses Gemisch zum Faschierten geben und gut vermengen; wenn nötig die Masse noch mit Semmelbröseln binden.

Zubereitung
Auf einer mit Semmelbröseln bestreuten Arbeitsfläche aus der Fleischmasse kleine Kugeln formen; die Kugeln flach drücken und beidseitig in Semmelbröseln wenden (unteres Bild); Öl in einer Pfanne gut erhitzen, Laibchen einlegen und beidseitig 8 - 10 Minuten langsam braten lassen; danach aus der Pfanne nehmen und warm halten; für die Gemüsegarnitur Knoblauch schälen und in Scheibchen schneiden; Paprikaschoten waschen, vierteln und ausputzen; salzen und in erhitztem Öl an allen Seiten anbraten; gegen Ende der Bratzeit Knoblauchscheibchen beifügen und mitbraten lassen.

Paprikalaibchen mit der Gemüsegarnitur servieren und mit Petersilie bestreuen.

ERGIBT 6 - 8 PORTIONEN

Blunzengupf *mit Gabelkraut*

Zutaten

4 große Scheiben Blutwurst (ca. 400 g)
Öl zum Braten
300 g gekochte Erdäpfel (am besten vom Vortag)
1 Ei
Salz und Pfeffer
1 EL gehackte Petersilie
1 EL Butter
500 g Sauerkraut
1 kleine Zwiebel
1 EL Öl
ca. 1/8 l Rindsuppe
1 kleiner Erdapfel
etwas Kümmel, im Ganzen

Schnittlauch zum Bestreuen

Vorbereitung

Die gekochten Erdäpfel grob reißen und mit Salz und Pfeffer würzen; die Petersilie beifügen und mit dem Ei binden; die Masse gut vermischen; für das Gabelkraut die Zwiebel schälen, feinnudelig schneiden und in heißem Öl glasig anrösten; sodann mit der Rindsuppe aufgießen und das grob geschnittene Sauerkraut zugeben; mit etwas Kümmel würzen und 10 Minuten dünsten lassen; den rohen Erdapfel schälen, fein reiben, zum Sauerkraut geben und alles noch einige Zeit verkochen lassen.

Zubereitung

Aus der Erdäpfelmasse Laibchen formen und in erhitzter Butter auf beiden Seiten goldbraun anbraten; die Blutwurstscheiben enthäuten und in heißem Öl ebenfalls beidseitig knusprig braten; zuletzt die Erdäpfellaibchen auf Teller setzen, etwas Gabelkraut darauf geben und jeweils mit einer knusprig gebratenen Blutwurstscheibe abschließen; vor dem Servieren mit Schnittlauch bestreuen.

ERGIBT 4 PORTIONEN

Schafkäse-Laibchen

Zutaten
500 g frischer Schafkäse
2 Eier
2 Dotter
6 EL glattes Mehl
5 EL Grieß
1/4 l Sauerrahm
Salz und Pfeffer
Öl zum Braten
Sauce
4 EL Sauerrahm
1 Bund Schnittlauch
Salz und Pfeffer

ERGIBT 4 PORTIONEN

mit Schnittlauchsauce

Vorbereitung

Den Schafkäse passieren und mit Eiern, Dottern, Mehl, Grieß, Sauerrahm, Salz und Pfeffer zu einem glatten Teig verarbeiten; den Teig in Alufolie wickeln und im Kühlschrank ca. 30 Minuten rasten lassen.

Zubereitung

Für die Sauce Schnittlauch waschen, fein schneiden, mit dem Sauerrahm glatt verrühren und mit Salz und Pfeffer würzen; aus der Käsemasse (mit befeuchteten Händen) kleine Laibchen formen; Öl in einer Pfanne erhitzen und die Laibchen auf beiden Seiten zu schöner goldbrauner Farbe braten; danach auf Küchenkrepp kurz abtropfen lassen; mit der Schnittlauchsauce sowie beliebigem Blattsalat anrichten.

Sesam-Kartoffelpuffer

Zutaten für 4 Portionen

Joghurtsauce

200 g Fisolen
200 g Zucchini
1/2 Bund Petersilie
2 Becher Joghurt, natur
etwas Salz und Pfeffer
etwas gemahlener Kümmel
abgeriebene Schale von
1 Zitrone
1 EL Zitronensaft

Sesam-Kartoffelpuffer

1 kg Kartoffeln (festkochend)
2 Dotter
2 EL Weizenmehl
30 g Sesamsaat
1/4 l Öl zum Braten

Vorbereitung

Die Fisolen waschen, putzen und in Scheiben schneiden; in Salzwasser blanchieren, abschrecken und abtropfen lassen; Zucchini putzen, waschen und in sehr kleine Würfel schneiden; Petersilie waschen und hacken; aus Joghurt, Salz, Pfeffer, Kümmel, Zitronenschale, Zitronensaft und Petersilie eine Sauce rühren; die Fisolen und Zucchini untermischen; danach kalt stellen.

Zubereitung

Die Kartoffeln waschen, schälen und auf einer feinen Reibe raspeln; Dotter, Mehl und Sesam untermischen; mit Salz und Pfeffer würzen; die Kartoffelmasse etwas ausdrücken; Öl in einer großen Pfanne erhitzen; die Kartoffelmasse löffelweise in die Pfanne geben, etwas flach drücken und zu Puffern formen; die Kartoffelpuffer auf jeder Seite goldbraun braten; danach auf Küchenkrepp abtropfen lassen und im Backrohr warm stellen; die Sesam-Kartoffelpuffer mit der Joghurtsauce servieren.

Hecht-Laibchen *auf Gemüsebett*

Zutaten für 4 Portionen
300 g Hechtfilets, ohne Haut und Gräten, 3 EL Öl
2 Bund Schnittlauch
1 Dotter, 100 g Ricottakäse
etwas Salz und Pfeffer
Sauce
1/4 l Orangensaft, frisch gepresst
2 EL Sojasauce
1 EL Sesamöl
Gemüse
1 Fenchelknolle
2 Tomaten
1 Zucchini
etwas Butter
etwas Salz und Pfeffer

2 große Karotten, 3 EL Milch
1 EL griffiges Mehl
Öl zum Frittieren, etwas Salz

Vorbereitung
Die Hechtfilets sehr fein hacken; Schnittlauch waschen und fein schneiden; Hecht, Schnittlauch, Dotter und Ricottakäse gut vermischen; mit Salz und Pfeffer würzen; aus der Masse 8 gleich große Laibchen formen und kalt stellen; Orangensaft, Sojasauce und Sesamöl bei milder Hitze auf ca. die Hälfte reduzieren lassen; danach beiseite stellen; den Fenchel putzen, waschen und den Strunk herausschneiden; die Fenchelknolle teilen und in Streifen schneiden; Tomaten einritzen, kurz blanchieren, abschrecken und enthäuten; das Fruchtfleisch vierteln und entkernen; Zucchini putzen, waschen und in 1/2 cm dünne Scheiben schneiden; Fenchel und Zucchini bissfest blanchieren, abschrecken und beiseite stellen.

Zubereitung
Karotten schälen und in ca. 6 cm lange, dünne Streifen schneiden; zuerst mit Milch vermengen; abtropfen lassen, dann mit Mehl bestauben und in heißem Öl frittieren; auf Küchenpapier abtropfen lassen und salzen; die Hechtlaibchen an beiden Seiten goldbraun braten; die Sauce erwärmen; Gemüse und Tomaten mit etwas Wasser und Butter erhitzen; mit Salz und Pfeffer würzen; das Gemüse anrichten, Fischlaibchen darauf setzen und mit frittierten Karottenstreifen garnieren; zuletzt die Sauce darüber träufeln.

Gegrillte Erdäpfel-Laibchen

Zutaten
1,2 kg mehlige Erdäpfel
etwas Salz
frisch gemahlener Pfeffer
1 Prise Muskatnuss
150 g durchzogener Speck
2 Dotter
2 Knoblauchzehen
1 große Zwiebel
1 Bund Schnittlauch

Öl zum Bestreichen

Vorbereitung
Die Erdäpfel waschen und in Salzwasser weich kochen; schälen, auf ein Backblech legen und im Backrohr bei 150 Grad 20 Minuten ausdampfen lassen; danach auf einer groben Küchenreibe reißen; den Schnittlauch waschen und in kleine Röllchen schneiden; Zwiebel schälen und feinst hacken; Knoblauch schälen und fein hacken; den Speck von der Schwarte trennen und in Streifen schneiden.

Zubereitung
Die Erdäpfel mit Dottern, Speckstreifen, Schnittlauch, Zwiebel, Knoblauch, Salz, Pfeffer und Muskatnuss zu einer lockeren Masse verarbeiten; aus dieser Masse 8 Laibchen formen; die Erdäpfellaibchen gut mit Öl bestreichen und in einer Grillpfanne unter Wenden 10 Minuten braten; als Beilage zu gegrilltem Fleisch oder Fisch servieren.

ERGIBT 4 PORTIONEN

Dinkel-Laibchen *mit Gemüse*

Zutaten
250 g Dinkelweizen
150 g Karotten
150 g Sellerie
200 g Erbsen (TK-Ware)
1 Bund Petersilie
2 Eier, 2 Dotter
3 EL Öl
1 große Zwiebel
4 Knoblauchzehen
etwas Thymian
Salz und Pfeffer
Semmelbrösel nach Bedarf

3 EL Öl
Semmelbrösel zum Andrücken
Schnittlauch zum Bestreuen

Vorbereitung
Den Weizen kalt abspülen und in ausreichend Salzwasser auf kleiner Flamme zustellen; zugedeckt etwa 50 Minuten weich köcheln lassen, wobei noch etwas Wasser nachgegossen werden kann; sodann in ein Sieb leeren und gut abtropfen lassen; Karotten und Sellerie waschen, schälen und in kleine Würfel schneiden; in Salzwasser blanchieren, abschrecken und in einem Sieb abtropfen lassen; Petersilie waschen und fein hacken; Knoblauch schälen und zerdrücken; Zwiebel schälen und fein hacken; in erhitztem Öl goldgelb rösten und erkalten lassen.

Zubereitung
Den Weizen mit dem Gemüse, den Erbsen, den Eiern, den Dottern, der gerösteten Zwiebel und der Petersilie sowie mit Knoblauch, Thymian, Salz und Pfeffer gut vermengen; mit Semmelbröseln nach Bedarf binden; aus der Masse 8 Laibchen formen; die Laibchen in Semmelbröseln andrücken und in erhitztem Öl an beiden Seiten goldbraun backen; danach auf Küchenpapier gut abtropfen lassen, anrichten und mit Schnittlauch bestreut servieren. Dazu passt eine Kräutersauce.

ERGIBT 4 PORTIONEN

Zucchini-Laibchen

Zutaten
400 g Zucchini
4 EL Haferflocken
4 EL Weizen-Vollkornmehl
2 Eier
Salz und Pfeffer
1 EL Kräuter der Provence
4 EL Butter

Tomaten-Basilikumsauce
1 große Zwiebel
1 Knoblauchzehe
2 TL Olivenöl
6 Tomaten
2 EL Crème fraîche
Basilikum (fein gehackt)

Vorbereitung

Die Zucchini putzen, waschen und in mittelfeine Streifen raspeln; sodann die Haferflocken, das Mehl und die Eier beifügen und gut verrühren; mit Salz, Pfeffer und den Kräutern würzen; alles etwa 20 Minuten quellen lassen; Zwiebel schälen und feinwürfelig schneiden; Knoblauch schälen und zerdrücken; Tomaten waschen, kurz in kochendes Wasser tauchen, abschrecken und schälen; die Kerne und Stielansätze entfernen; das Fruchtfleisch in kleine Würfel schneiden.

Zubereitung

Für die Tomaten-Basilikumsauce Olivenöl leicht erhitzen und darin Zwiebel und Knoblauch glasig anrösten; Tomatenwürfel zugeben und kurz anbraten; sodann Crème fraîche beifügen und alles einige Minuten dünsten lassen; 4 EL Butter erhitzen; nacheinander jeweils 1 EL Zucchinimasse hineingeben und kleine Laibchen beidseitig ausbacken; die Tomatensauce mit fein gehacktem Basilikum, Salz und Pfeffer würzen und mit den Zucchini-Laibchen anrichten.

ERGIBT 4 PORTIONEN

Sauerkrautschnitzel

Zutaten
500 g Sauerkraut
1 kleine Karotte
1 kleines Stück Sellerie
1 Petersilwurzel
2 Schalotten
1 EL Butter
1 kleiner, roher Erdapfel
2 Dotter
Salz, gemahlener Kümmel
Öl zum Backen
3 große Erdäpfel
Kresseschaum
1 Tasse Brunnenkresse
250 g Topfen (20 %)
1 Becher Joghurt
1 EL Olivenöl, etwas Salz

Vorbereitung
Das Sauerkraut gut durchwaschen, mehrmals durchschneiden und gut abtropfen lassen; Karotte, Sellerie und Petersilwurzel waschen, putzen, schälen und in kleine Würfel schneiden; Schalotten schälen und fein hacken; den kleinen Erdapfel schälen und grob reiben; für den Kresseschaum die Kresse hacken und mit Topfen, Joghurt, Öl und Salz glatt rühren; die großen Erdäpfel schälen und mit einem Kugelausstecher Perlen ausstechen; diese in Salzwasser kochen.

Zubereitung
Die Schalotten und die Gemüsewürfel in Butter anschwitzen, das Sauerkraut zugeben, mit Salz und Kümmel würzen und zuletzt mit dem rohen, geriebenen Erdapfel und den Dottern binden; aus dieser Masse Laibchen formen, in heißem Öl goldbraun ausbacken und auf Küchenkrepp abtropfen lassen; die Sauerkrautschnitzel auf Tellern anrichten und mit den Erdäpfelperlen und dem Kresseschaum servieren.

ERGIBT 4 PORTIONEN

Kartoffelpuffer

Zutaten
3 Eier
glattes Mehl nach Bedarf
etwas Salz
Milch nach Bedarf
600 g mehlige Kartoffeln
1 Prise Muskatnuss
gehackter Knoblauch
und Petersilie zum Bestreuen
Öl zum Backen

Vorbereitung

Die Eier mit Salz versprudeln und soviel Mehl beifügen, dass ein zäher Teig entsteht; sodann mit Milch aufgießen, bis der Teig die Konsistenz eines dickeren Palatschinkenteiges hat; den Teig 1/2 Stunde rasten lassen.

Zubereitung

Die Kartoffeln waschen, schälen und auf einer groben Küchenreibe reißen; die geriebenen Kartoffeln unter den Teig mengen; wenn nötig mit etwas Milch verdünnen; Muskatnuss untermengen; in einer Pfanne fingerhoch Öl erhitzen; einen Teil des Teiges eingießen und auseinander laufen lassen; an beiden Seiten etwa 6 Minuten zu schöner brauner Farbe backen; danach aus der Pfanne heben, gut abtropfen lassen und warm stellen; mit dem restlichen Teig ebenso verfahren; dabei ab und zu etwas Öl nachgießen; vor dem Servieren die Kartoffelpuffer mit gehacktem Knoblauch und Petersilie bestreuen.

ERGIBT 4 PORTIONEN

Faschierte Hühnerschnitzel

Zutaten für 4 Portionen
800 g ausgelöstes Hühnerfleisch
2 Knoblauchzehen
1 kleine Zwiebel
1 grüne Paprikaschote
1/2 Bund Petersilie
30 g Butter
etwas Salz und Pfeffer
1 EL Paradeismark
je eine Prise Majoran, Rosmarin, Thymian und Oregano
1 Ei, 2 Dotter, 3 EL Obers

Semmelbrösel zum Binden
Paprikastreifen und Paradeiser zum Garnieren
Butter zum Braten

Vorbereitung

Die Paprikaschote waschen, halbieren, ausputzen und in kleine Würfel schneiden; den Knoblauch und die Zwiebel schälen und fein hacken; die Petersilie waschen und hacken; das Hühnerfleisch sorgfältig enthäuten und durch die feine Scheibe des Fleischwolfes drehen.

Zubereitung

Die Butter in einer Pfanne erhitzen und die Zwiebel darin goldgelb rösten; Paprikaschote beifügen und mitrösten; erkalten lassen und mit den Kräutern und allen anderen Zutaten zum Hühnerfleisch geben und gut vermengen; nach Bedarf mit Semmelbröseln binden und 20 Minuten kalt stellen; danach nochmals durcharbeiten; 8 ovale Laibchen formen; in gut erhitzte Butter einlegen und bei gleichmäßiger Hitze beidseitig zu schöner Farbe braten; danach herausnehmen, auf Küchenpapier abtropfen lassen und mit dem Gemüse servieren.

Buchweizen-Ecken

Zutaten für 2 Portionen
1 Karotte (100 g)
1 Stück Stangensellerie (50 g)
1 kleine Zwiebel
4 TL Öl, 1/8 l Wasser
60 g Buchweizenflocken
1 Gemüsesuppenwürfel
1 Dotter
Salz und weißer Pfeffer
Joghurtdip
150 g Joghurt
1 EL gehackte Petersilie und Schnittlauch
Salz und weißer Pfeffer
2 TL Zitronensaft

Alufolie

mit Joghurtdip

Vorbereitung
Karotte und Stangensellerie putzen, waschen und fein raspeln; die Zwiebel schälen und fein schneiden; Zwiebel und Gemüse in 1 TL Öl andünsten; die Buchweizenflocken zugeben; mit 1/8 l Wasser ablöschen, aufkochen und den Gemüsesuppenwürfel einrühren; bei schwacher Hitze ca. 10 Minuten quellen lassen, dabei öfters umrühren.

Zubereitung
Die Buchweizenmasse mit dem Dotter verrühren und würzen; eine Alufolie mit 1 TL Öl bestreichen; die Masse dick darauf streichen und auskühlen lassen; für den Dip Joghurt und Kräuter glatt verrühren; mit Salz, Pfeffer und Zitronensaft pikant würzen; die Buchweizenmasse in ca. 8 kleine Ecken schneiden; in 2 TL heißem Öl an jeder Seite goldbraun braten.
Die Buchweizen-Ecken mit dem Joghurt-Dip und einer Salatgarnitur servieren.

Gebackene Kräuter-Erdäpfel

Zutaten
1,2 kg mehlige Erdäpfel
Salz und Pfeffer
etwas geriebene Muskatnuss
1 Prise Cayennepfeffer
glattes Mehl zum Andrücken
2 Eier
50 g Semmelbrösel
30 g geriebener Parmesan
je ein Sträußchen Thymian
und Majoran oder
getrocknete Kräuter
1 Bund Petersilie
etwas Dille
Olivenöl zum Backen

in Parmesanteig

Vorbereitung
Die Erdäpfel waschen und in ausreichend Salzwasser nicht zu weich kochen; erkalten lassen und danach in nicht zu dünne Scheiben schneiden; Thymian, Majoran, Petersilie und Dille waschen, trockentupfen und fein hacken.

Zubereitung
Die Eier glatt versprudeln; Semmelbrösel mit Parmesan und Kräutern vermengen; Erdäpfelscheiben mit Salz, Pfeffer, Muskatnuss und etwas Cayennepfeffer würzen; sodann beidseitig in Mehl andrücken und durch die versprudelten Eier ziehen; zuletzt im Semmelbrösel-Parmesangemisch wälzen und an beiden Seiten backen; aus der Pfanne nehmen und auf Küchenpapier gut abtropfen lassen.

ERGIBT 4 PORTIONEN

Karfiol-Laibchen

mit Schinken, Mais und Erbsen

Zutaten
1 Rose Karfiol
150 g Zuckermais (Dosenware)
150 g Zuckererbsen
100 g Press-Schinken
1/2 Bund Petersilie
1 kleine Zwiebel
3 Eier
120 g glattes Mehl
ca. 1/16 l Milch
Salz und Pfeffer

Öl zum Backen
Radieschenstreifen zum Bestreuen

Vorbereitung
Den Karfiol waschen, putzen und in Röschen teilen; in Salzwasser blachieren, abseihen und gut abtropfen lassen; die Erbsen auslösen, ebenfalls in Salzwasser blanchieren, abseihen und in einem Sieb abtropfen lassen; den Zuckermais abseihen und abtropfen lassen; die Petersilie waschen und fein hacken; die Zwiebel schälen und fein hacken; den Schinken kleinwürfelig schneiden (oberes Bild).

Zubereitung
Die Eier mit dem gesiebten Mehl, Salz, Pfeffer, Milch und der gehackten Petersilie zu einem zähflüssigen Teig verrühren; die Karfiolröschen klein hacken und mit den Zuckererbsen, dem Mais, der Zwiebel und den Schinkenwürfeln zum Teig geben (unteres Bild); in einer geeigneten Pfanne das Öl gut erhitzen und mit Hilfe eines kleinen Schöpflöffels Plätzchen hineinsetzen und beidseitig goldgelb ausbacken; danach aus der Pfanne heben und auf Küchenpapier gut abtropfen lassen.
Die Karfiol-Laibchen anrichten, mit Radieschenstreifen bestreuen und mit frischem Blattsalat servieren.

ERGIBT 4 PORTIONEN

Erdäpfelmedaillons

im Speckhemd

Zutaten
300 g gebratenes Schweinefleisch (Schopfbraten)
1 mittlere Zwiebel
etwas Salz und Pfeffer
1 Bund Petersilie
500 g gekochte, mehlige Erdäpfel
1 Ei
2 EL Mehl
3 EL Öl
12 Speckscheiben

Zwiebelringe und Petersilie zum Bestreuen

Vorbereitung
Das Fleisch in kleine Würfel schneiden; die Zwiebel schälen und fein hacken; die Petersilie waschen und ebenfalls fein hacken; die Erdäpfel schälen und passieren.

Zubereitung
1 EL Öl erhitzen und darin die Zwiebel hell anrösten; das Fleisch unterrühren; mit Salz und Pfeffer würzen und gut durchrösten; überkühlen lassen; danach mit Ei, Mehl, Erdäpfeln und Petersilie gut vermengen; aus dieser Masse 12 Laibchen formen; die Laibchen mit je einer Speckscheibe umwickeln; restliches Öl in einer Pfanne erhitzen, die Laibchen einlegen und bei mittlerer Hitze beidseitig zu goldbrauner Farbe braten.

ERGIBT 4 - 6 PORTIONEN

Gemüselaibchen

Zutaten für 4 Portionen
250 g Mais (Dosenware)
300 g Brokkoli (TK-Ware)
150 g Eierschwammerln
1 mittlere Zwiebel
1 Bund Petersilie
etwas Öl
3 Semmeln vom Vortag
Milch zum Anweichen
2 Eier
etwas Salz und Pfeffer

Semmelbrösel zum Binden und Wenden
Fett zum Backen

Vorbereitung
Die Maiskörner gut abtropfen lassen; Brokkoli kurz in kochendem Wasser blanchieren, abtropfen lassen und fein hacken; die Eierschwammerln putzen, waschen und feinblättrig schneiden; die Zwiebel schälen und fein hacken; Petersilie waschen und ebenfalls fein hacken.

Zubereitung
Die Semmeln in Milch anweichen, sehr gut ausdrücken und passieren; etwas Öl in einer Pfanne erhitzen; die Zwiebel und die Eierschwammerln beifügen und kurz anbraten; danach erkalten lassen; die Semmeln mit dem Gemüse, Petersilie, Zwiebel-Eierschwammerlgemisch, Eiern, Salz und Pfeffer gut vermengen; falls erforderlich die Masse mit Semmelbröseln binden und ca. 1/4 Stunde anziehen lassen; danach 8 Laibchen formen; die Laibchen beidseitig in Semmelbröseln andrücken; in einer passenden Pfanne Fett erhitzen; die Laibchen einlegen und an beiden Seiten zu schöner goldbrauner Farbe backen; die Laibchen herausnehmen und auf Küchenpapier gut abtropfen lassen.

Polentapuffer

Zutaten für 2 Portionen
100 g Maisgrieß
50 g Weizen-Vollkornmehl
1/4 l Gemüsesuppe
Salz, Pfeffer
etwas edelsüßes Paprikapulver
1 Ei, 2 EL Butter
Gemüse
1 Zwiebel
1/2 grüne Paprikaschote
2 Paradeiser, 1 EL Butter
je 1 Prise Piment, Kardamom und scharfes Paprikapulver
1 große Banane
etwas Zitronensaft

Vorbereitung

Maisgrieß, Weizenvollmehl und Gemüsesuppe verrühren und zum Kochen bringen; von der Kochstelle nehmen und quellen lassen; Zwiebel schälen und würfelig schneiden; Paprikaschote waschen, Kerne sowie innere weiße Häutchen entfernen; die Schote in Würfel schneiden; Paradeiser in kochendes Wasser tauchen, abschrecken, schälen, entkernen und in Würfel schneiden; Zwiebel in erhitzter Butter glasig anschwitzen, Paradeis- und Paprikawürfel zugeben und bei geringer Hitze einige Minuten dünsten lassen.

Zubereitung

Das Ei unter die Grießmasse rühren und mit Salz, Pfeffer und Paprikapulver würzen; danach aus der Masse Puffer formen und diese in heißer Butter an beiden Seiten goldbraun ausbacken; herausnehmen und warm stellen; die Banane schälen, in Scheiben schneiden, mit Zitronensaft beträufeln und unter das Gemüse heben; alles kurz weiterdünsten; zuletzt mit Piment, Kardamom und scharfem Paprikapulver würzen; je zwei Polentapuffer mit der Beilage anrichten.

Scharfes Geschnetzeltes

Zutaten für 4 Portionen

500 g Hüferscherzel
1/8 l Pflaumenwein
50 g Ingwerwurzel, in Scheiben
2 Chilischoten (gehackt)
2 Zweige Koriandergrün
10 Korianderkörner (gestoßen)
1 EL Speisestärke, 10 EL Öl
je 50 g rote Paprikastreifen, Karottenstreifen, rote Zwiebelstreifen und Chinakohlstreifen
200 g Birnenspalten
8 Pflaumen, geviertelt
je 1 TL Currypulver, Kurkumapulver und Knoblauchwürfel
Salz und Pfeffer
1/4 l Geflügelfond

Vorbereitung

Eventuelle Sehnen und Häutchen vom Fleisch entfernen; danach in dünne Streifen schneiden und in einer Schale mit Pflaumenwein bedecken; Ingwer, Chilischoten, Korianderkörner und 1 Zweig Koriandergrün beifügen; alles gut vermischen; die Schale mit Alufolie abdecken und mindestens 5 Stunden (oder besser über Nacht) marinieren lassen.

Zubereitung

Das Fleisch aus der Marinade nehmen und in einer Schüssel mit Speisestärke mischen; Koriandergrün entfernen; 5 EL Öl in einer breiten Pfanne oder im Wok erhitzen und das Fleisch darin unter Rühren anbraten; danach aus der Pfanne nehmen; restliches Öl in die Pfanne gießen; Paprika- und Karottenstreifen unter Rühren anbraten; Zwiebelstreifen beifügen und weiterbraten; danach Chinakohlstreifen zugeben und zuletzt die Pflaumen und Birnen kurz mitbraten; mit Currypulver, gehacktem Koriandergrün, Kurkumapulver, Knoblauch, Salz und Pfeffer würzen; mit Geflügelfond ablöschen; das Fleisch in die Pfanne zurückgeben, gut erhitzen und sofort servieren.

Reinrostbraten *Braten in einer „Rein“*

Zutaten
4 Rostbraten, à 180 g
2 EL Öl
etwas Salz und Pfeffer
2 große Zwiebeln
100 g durchzogener Selchspeck
2 Knoblauchzehen
1 EL Paprika
etwas Majoran, gerebelt
etwas Kümmel, gemahlen
2 EL Paradeismark
1/4 l Weißwein
1/4 l Rindsuppe
2 grüne Paprikaschoten
3 Paradeiser
4 große Erdäpfel (mehlige Sorte)

Vorbereitung

Die sehnigen Ränder von den Rostbraten einschneiden; das Fleisch mit Salz und Pfeffer würzen; die Zwiebeln schälen und in feine Streifen schneiden; den Selchspeck in Würfel schneiden; den Knoblauch schälen und zerdrücken (oberes Bild); die Paprikaschoten waschen und halbieren; Strunk und Kerne entfernen; die Schoten in Streifen schneiden; die Paradeiser einritzen, kurz in kochendes Wasser tauchen und die Haut abziehen; das Fruchtfleisch vierteln und entkernen; die Erdäpfel schälen und in 3 mm dicke Scheiben schneiden.

Zubereitung

Das Backrohr auf 200 Grad vorheizen; das Öl in einer Pfanne erhitzen und die Rostbraten an beiden Seiten anbraten; danach herausnehmen und in eine passende „Rein“ legen; im Bratrückstand Zwiebeln, Speckwürfel und Knoblauch anrösten; Paradeismark, Majoran, Kümmel und Paprikapulver beifügen und kurz durchrühren; mit Weißwein und etwas Suppe aufgießen und einmal aufkochen; alles über die Rostbraten geben und langsam weich dünsten; die Erdäpfelscheiben schindelartig in eine befettete, flache Pfanne legen; salzen, mit etwas Suppe und Dünstfond vom Rostbraten angießen (unteres Bild); im Backrohr 15 Minuten weich garen; die Paprikastreifen und Paradeisviertel zu den Rostbraten geben, kurz einkochen lassen, nochmals würzen und fertig garen.

Je einen Rostbraten mit Gemüse und Erdäpfeln auf vorgewärmten Tellern anrichten und sofort servieren.

ERGIBT 4 PORTIONEN

Bauernomeletts

mit Erdäpfeln, Käse und Speck

Zutaten
40 g Butter
50 g durchzogener Speck
2 mittlere Erdäpfel (mehlige Sorte)
80 g Emmentaler Käse
etwas Salz
frisch gemahlener Pfeffer
6 - 8 Eier (je nach Größe)

Petersilblättchen zum Garnieren

ERGIBT 4 PORTIONEN

Vorbereitung
Den Speck von der Schwarte schneiden und in kleine Würfel schneiden; den Emmentaler Käse ebenfalls in kleine Würfel schneiden; die Erdäpfel waschen, schälen und in dünne Scheiben schneiden.

Zubereitung
In einer geräumigen, feuerfesten Pfanne Butter und Speck erhitzen; Erdäpfelscheiben einlegen, mit Salz und Pfeffer würzen und unter ständigem Wenden braten; Eier mit etwas Salz versprudeln und den Käse unterheben; wenn die Erdäpfelscheiben schön gebräunt sind, das Ei-Käsegemisch darüber gießen und bei geringer Hitze anbacken lassen; dabei das Omelett mit einer Palette mehrmals vom Boden heben; das fast fertig gegarte Omelett 3 - 4 Minuten ins heiße Backrohr schieben; vor dem Servieren das Omelett mit Petersilblättchen garnieren.

Gurken im Speckmantel

Zutaten
300 g gemischtes Faschiertes
1 Ei, 1 TL Öl
Salz und Pfeffer
1,3 kg Gurken
12 Scheiben Hamburger Speck
1 große Zwiebel
2 Knoblauchzehen
6 Tomaten
3 Zweige Rosmarin
3 Zweige Thymian
1 Bund Petersilie
10 EL Olivenöl
1/4 l Gemüsefond

Rosmarin zum Garnieren

Vorbereitung
Das Faschierte salzen, pfeffern und mit dem Ei und Öl gut vermischen; die Gurken waschen, schälen und in 12 gleich große Stücke schneiden; die Gurkenstücke aushöhlen und mit dem Faschierten füllen; jedes Gurkenstück mit einer Speckscheibe umwickeln; die Zwiebel schälen und in Streifen schneiden; den Knoblauch schälen und in Scheiben schneiden; die Tomaten längs halbieren; Rosmarin, Petersilie und Thymian waschen und fein hacken.

Zubereitung
Das Backrohr auf 200 Grad vorheizen; die Zwiebel mit 5 EL Olivenöl in einer Kasserolle glasig dünsten; die Gurken, Tomaten und den Gemüsefond beifügen; mit den Kräutern und Knoblauch bestreuen; salzen, pfeffern und mit dem restlichen Öl beträufeln; danach im Backrohr ca. 30 Minuten garen.
Vor dem Servieren das Gericht mit etwas Rosmarin garnieren und als Beilage knuspriges Weißbrot servieren.

ERGIBT 4 - 6 PORTIONEN

Griechische Pfanne

Zutaten

800 g kleine Kartoffeln
3 EL Öl
Salz und weißer Pfeffer
3 Schweinsschnitzel, ca. 450 g, vom Schlögel
1 EL Gyros Gewürzsalz
2 gelbe Paprikaschoten
1 Bund Jungzwiebeln
1 Zwiebel
2 Paradeiser
1 Becher Crème fraîche
5 Knoblauchzehen

Vorbereitung

Die Kartoffeln waschen, schälen eventuell halbieren; Öl in einer gro Pfanne erhitzen; Kartoffeln darin u öfterem Wenden 15 - 20 Minuten ten; mit Salz und Pfeffer würz Knoblauch schälen und mit Crème fraîche im Mixer zu e Creme pürieren; die Schweinssch zel in gleichmäßige, ca. 1 cm di

eifen schneiden und in einer
hüssel mit Gyros Gewürzsalz mi-
hen (oberes Bild).

bereitung

Paprikaschoten und Jungzwie-
n putzen, waschen und in
cke schneiden; die Zwiebel
älen und in nicht zu kleine Würfel schneiden; die Paradeiser waschen; den Stielansatz herausschneiden; das Fruchtfleisch achteln; die Kartoffeln aus der Pfanne nehmen; das Fleisch im Bratfett rundum braun anbraten; Paprikaschoten, Paradeiser, Jungzwiebeln (unteres Bild) und die halbe Menge der Zwiebelwürfel beifügen; weitere 5 Minuten braten; die Kartoffeln beifügen und erhitzen.

Vor dem Servieren das Gericht mit den restlichen Zwiebelwürferln bestreuen und mit der Knoblauchcreme übergießen.

ERGIBT 4 PORTIONEN

Kümmelrippchen

in süßsaurer Sauce

Zutaten
1,2 kg Schweinsrippchen (in mehrere Stücke geschnitten)
etwas Salz
frisch gemahlener Pfeffer
4 Knoblauchzehen
1 EL Kümmel (ganz)
etwas scharfes Paprikapulver
1 Zwiebel
1 Dose Ananasscheiben (mittlere Größe)
2 EL Tomatenmark
200 g eingelegte Champignons
1 Bund Petersilie
etwas Tabascosauce
eventuell etwas Essig

Vorbereitung
Die Petersilie waschen und fein hacken; die Zwiebel schälen und in feine Ringe schneiden; den Knoblauch schälen und zerdrücken; die Champignons abtropfen lassen und halbieren; die Ananasscheiben in Stücke schneiden; den Ananassaft mit Tomatenmark glatt verrühren; die Rippchen mit Salz, Pfeffer, Paprikapulver, Knoblauch und Kümmel einreiben (oberes Bild).

Zubereitung
Das Backrohr auf 220 Grad vorheizen; die Fleischstücke in eine Bratpfanne legen und im Backrohr etwa 30 Minuten lang braten; danach aus der Pfanne nehmen und warm stellen; im Bratrückstand die Zwiebel goldgelb anrösten und mit dem Ananas-Tomatenmarksaft aufgießen; die Sauce zu sämiger Konsistenz verkochen lassen; danach die Ananasscheiben, Champignons und Petersilie beifügen (unteres Bild); danach alles zusammen auf kleiner Flamme leicht köcheln lassen; zuletzt mit Salz, Pfeffer, Tabascosauce und eventuell etwas Essig würzen; die Ripperln mit der Sauce anrichten.

ERGIBT 4 PORTIONEN

Fleckerln mit Ei und Speck

Zutaten
pro Portion berechnet
60 g Fleckerln
50 g Speck
1 kleine Zwiebel
2 EL Öl
3 Eier
etwas Salz
frisch gemahlener Pfeffer
Petersilie zum Garnieren

Vorbereitung

Die Fleckerln bissfest kochen; in ein Sieb leeren, mit kaltem Wasser gründlich abspülen und gut abtropfen lassen; den Speck von der Schwarte trennen; danach den Speck in feine Streifen schneiden; die Zwiebel schälen und fein hacken.

Zubereitung

Das Öl in einer geeigneten Pfanne erhitzen und darin den Speck samt Zwiebeln goldgelb rösten; die Fleckerln beifügen und etwas mitrösten lassen; die Eier versprudeln, in die Pfanne gießen, mit Salz und Pfeffer würzen und stocken lassen.

Fleckerln mit Ei und Speck können gleich in der Pfanne - mit Petersilie garniert - serviert werden.

Kartoffelpfanne *mit Tomaten*

Zutaten

350 g Kartoffeln (festkochend)
2 EL Öl
etwas Salz
150 g Tomaten
20 g Sesamkörner
20 g Butter
2 Eier
1 EL Crème fraîche
frisch gemahlener Pfeffer
etwas Majoran

Vorbereitung

Die Kartoffeln unter fließendem Wasser gründlich bürsten und der Länge nach vierteln (nicht schälen); sodann in heißem Öl rundum anbraten, leicht salzen und weiterbraten lassen; die Tomaten waschen, kurz in kochendes Wasser tauchen, mit kaltem Wasser abschrecken und schälen; die Tomaten halbieren; die Kerne entfernen und das Fruchtfleisch in Spalten schneiden.

Zubereitung

Die Sesamkörner in einer Pfanne - ohne Fett - hellbraun rösten (einige zum Bestreuen beiseite geben), die Butter zugeben und kurz aufschäumen lassen; sodann das Sesamkörner-Buttergemisch zu den Kartoffeln mischen und die Tomatenspalten darauf verteilen; die Eier mit der Crème fraîche verrühren, mit Pfeffer und Majoran würzen und über die Kartoffeln gießen; bei geringer Hitze stocken lassen; zuletzt das Gericht mit gerösteten Sesamkörnern bestreuen.

ERGIBT 2 PORTIONEN

Gedünstete Kaninchenkeulen

mit Gemüsebratlingen

Zutaten
4 Kaninchenkeulen
2 EL Olivenöl
3/8 l Weißwein
4 kleine Zwiebeln
4 Stück Stangensellerie
2 Karotten
4 Knoblauchzehen
6 Scheiben Speck, durchwachsen
2 Lorbeerblätter
1 Zweig Rosmarin
etwas Salz und Pfeffer

Gemüsebratlinge
2 Kartoffeln
1 Gelbe Rübe
100 g Lauch
1 Ei
1 EL Kartoffelflocken
Öl zum Braten

Vorbereitung

Das Backrohr auf 200 Grad vorheizen; die Kaninchenkeulen auslösen, kalt abspülen, salzen und pfeffern; die Zwiebeln schälen und vierteln; die Stangensellerie waschen, putzen und in Scheiben schneiden; Karotten waschen, putzen, halbieren und in Stifte schneiden; die Knoblauchzehen schälen und in Scheiben schneiden (oberes Bild); die Kaninchenkeulen in eine mit Olivenöl beträufelte, heiße Bratpfanne legen und rundum zu schöner Farbe anbraten; den Weißwein zugießen und im vorgeheizten Backrohr ca. 40 Minuten garen.

Zubereitung

Die Speckstreifen in 3 Teile schneiden und mit dem Gemüse und Knoblauch nach 20 Minuten zu den Kaninchenkeulen geben (unteres Bild); 15 Minuten vor Ende der Garzeit Lorbeerblätter und Rosmarin zugeben; für die Gemüsebratlinge Kartoffeln und Gelbe Rübe waschen, schälen und in feine Streifen raspeln; den Lauch waschen und in feine Streifen schneiden; das Gemüse mit Ei und Kartoffelflocken binden; salzen, pfeffern und zu kleinen Laibchen formen; diese im heißen Öl an beiden Seiten langsam braten; die Kaninchenkeulen mit dem Gemüse und den Gemüsebratlingen anrichten.

ERGIBT 4 PORTIONEN

Mastente in Wein

Zutaten
1 junge Mastente, ca. 1,8 kg
etwas Salz und Pfeffer
500 g kleine Champignons
100 g durchwachsener Speck
12 Schalotten
3 EL Öl
2 Knoblauchzehen
3 EL Mehl
1/2 l Weißwein
2 Lorbeerblätter
4 Zweige Thymian
Schale und Saft von
1/2 Zitrone

Thymian zum Garnieren

Vorbereitung
Die Champignons waschen, putzen und in Stücke schneiden; den Speck in kleine Würfel schneiden; die Schalotten schälen und halbieren; die Ente waschen und in 8 oder 10 Teile zerlegen; dabei die Haut abziehen und das Fett wegschneiden (oberes Bild); die Teile rundum mit Salz und Pfeffer einreiben; Speck, Schalotten und 2 EL Öl in eine sehr breite Pfanne geben; bei mittlerer Hitze den Speck auslassen und die Schalotten goldbraun braten; den Knoblauch schälen, durch die Presse drücken und beifügen; danach alles aus der Pfanne nehmen; das Fett zurücklassen; die Champignons in dem Fett gut anbraten; danach herausnehmen.

Zubereitung
Restliches Öl in der Pfanne erhitzen; die Ententeile darin nach und nach rundum anbraten (unteres Bild); Mehl darüber stauben und anschwitzen; den Wein zugießen und die Lorbeerblätter und die gewaschenen Thymianzweige beifügen; bei mittlerer Hitze zugedeckt 25 Minuten köcheln lassen; sodann Schalotten und Champignons einrühren und weitere 20 Minuten garen lassen; mit Zitronenschale, Zitronensaft, Salz und Pfeffer würzen. Die Ente mit Champignons und Schalotten servieren und mit Thymian garnieren.

ERGIBT 4 PORTIONEN

Scharfe Spare Ribs

Zutaten
200 g kleine Zwiebeln
500 g Erdäpfel
1,5 kg Schweinsrippchen (Spare Ribs)
etwas Salz
1 - 2 TL Chilipulver
3 EL Öl, etwas Wasser
1/8 l Apfelessig
1/4 l Rindsuppe
1 Stange Lauch
1 großer, grüner Pfefferoni
1/4 l Wasser
4 EL Ketchup, scharf
2 EL Honig

ERGIBT 4 PORTIONEN

Vorbereitung
Die Schweinsrippchen kalt abspülen, trockentupfen und in ca. 8 gleich große Stücke schneiden; mit Salz und Chilipulver würzen; die Zwiebeln schälen und in dicke Spalten schneiden; die Erdäpfel schälen, waschen und in Würfel schneiden; die Pfefferoni halbieren und die Kerne entfernen; Pfefferoni waschen und in Streifen schneiden; den Lauch putzen, waschen und klein schneiden; das Backrohr auf 200 Grad vorheizen.

Zubereitung
Öl in einer passenden Pfanne erhitzen; die Rippchen am Herd an beiden Seiten anbraten; danach im Backrohr mit wenig Wasser, den Erdäpfeln und Zwiebeln 45 Minuten braten; dabei öfters wenden und mit eigenem Saft, Essig und Rindsuppe übergießen; die Pfefferonistreifen und 1/4 l Wasser mit Ketchup verrühren und mit dem Lauch zu den Rippchen geben; alles weitere 25 Minuten braten; zuletzt das Gericht mit Salz und Honig würzen.

Tipp
Die Schweinsrippchen am besten einige Stunden vor der Zubereitung würzen und marinieren lassen.

Kürbis-Reispfanne

Zutaten für 4 Portionen
200 g Langkornreis
Salz und weißer Pfeffer
500 g Kürbis
400 g Schinkenwurst
(im Stück)
500 g Lauch
20 g frischer Ingwer
2 EL Butter
1/4 l Rindsuppe
4 EL Essig
2 - 3 EL Zucker
1 EL Speisestärke
etwas Chili

Petersilie zum Bestreuen

Vorbereitung

Den Reis in kochendem Salzwasser ca. 20 Minuten garen; den Kürbis in Spalten schneiden und Kerne entfernen; Kürbisspalten schälen und das Fruchtfleisch in kleine Würfel schneiden; von der Schinkenwurst die Haut abziehen; die Wurst in Streifen schneiden; den Lauch putzen, waschen und ebenso in Streifen schneiden; Ingwer schälen und fein hacken.

Zubereitung

Die Butter in einer Pfanne erhitzen; Ingwer, Wurst und Lauch darin anrösten; danach herausnehmen; Kürbis im Bratfett andünsten und mit Suppe und Essig ablöschen; Zucker zugeben und zugedeckt ca. 15 Minuten köcheln lassen; Speisestärke anrühren und die Sauce damit binden; mit Salz, Pfeffer und Chili würzen; den Reis in einem Sieb abtropfen lassen; Wurst und Lauch zum Kürbisgemüse geben; einige Minuten erhitzen und nochmals würzen; den Reis ringförmig anrichten und in die Mitte das Kürbis-Wurstgemüse geben; zuletzt das Gericht mit Petersilie bestreuen.

Huhn mit Pils

Zutaten
1,2 kg Huhn, bratfertig
60 g Butter
Salz und Pfeffer
130 g Hamburger Speck
1 Zwiebel
1 TL Tomatenmark
1/2 l Pils oder helles Bier
150 g Champignons
1 EL Öl
1/8 l Obers
1 Dotter
etwas Cayennepfeffer
etwas Petersilie zum Bestreuen

Vorbereitung

Das Huhn gründlich mit kaltem Wasser abspülen, trockentupfen und in 8 Stücke zerteilen; die Hühnerteile mit Salz und Pfeffer würzen; die Zwiebel schälen und fein schneiden; den Speck in kleine Würfel schneiden; die Champignons putzen, waschen und in große Stücke schneiden (oberes Bild); die Butter in einer Pfanne erhitzen und die Hühnerteile rundum goldbraun anbraten; danach die Hühnerteile aus der Pfanne nehmen; den Speck und die Zwiebel im Bratfett glasig anschwitzen; das Tomatenmark einrühren und nochmals gut durchrösten (unteres Bild); mit der halben Menge vom Bier ablöschen und in eine Bratpfanne gießen; das Backrohr auf 200 Grad vorheizen.

Zubereitung

Zuerst die größeren Hühnerteile in die Bratpfanne legen und im Backrohr garen; nach 20 Minuten die kleineren Hühnerteile zugeben; nach und nach das restliche Bier zugießen und alles weich garen; die Champignons rasch in heißem Öl anschwitzen und zum Huhn geben; gut durchkochen lassen und mit Salz und Cayennepfeffer würzen; das Obers und den Dotter verquirlen und damit die Sauce legieren; vor dem Servieren das Gericht mit Petersilie bestreuen.

Beilagenvorschlag

Teigwaren und junge Karotten.

ERGIBT 4 PORTIONEN

Hühnerkeulen *mit Datteln*

Zutaten
12 Hühnerunterkeulen
4 Knoblauchzehen
1 TL Ingwer, gerieben
1 TL Kurkuma, gemahlen
1 TL Kardamom
2 TL Kümmel, gemahlen
1 TL Zitronenschale, fein gerieben
etwas Salz
2 EL Öl
1 große Zwiebel
1/2 l Hühnersuppe
8 Datteln, entkernt
20 g Kokosnuss, geraspelt

Vorbereitung
Die Hühnerkeulen von Fett und Sehnen befreien; den Knoblauch schälen, zerdrücken und mit den anderen Gewürzen (oberes Bild) und der Zitronenschale vermischen; mit dieser Paste die Hühnerkeulen einreiben und in eine flache Schüssel legen; zugedeckt mindestens 2 Stunden marinieren lassen.

Zubereitung
Das Backrohr auf 200 Grad vorheizen; das Öl in einer Pfanne erhitzen und die Hühnerkeulen darin rundum zu schöner Farbe anbraten; mit Salz würzen; danach herausnehmen und auf Küchenpapier abtropfen lassen; die Zwiebel schälen, in gleichmäßige Spalten schneiden und in heißem Öl glasig andünsten (unteres Bild); die Hühnerkeulen in eine feuerfeste Pfanne legen; Hühnersuppe, Datteln und geraspelte Kokosnuss beifügen und zugedeckt ca. 45 Minuten garen lassen; nach etwa 40 Minuten die Zwiebelspalten zugeben.

Als Beilagen zu diesen pikant zubereiteten Hühnerkeulen empfehlen wir verschiedenes, in Butter geschwenktes Gemüse und gedünsteten Reis.

Tipp
Dieses Gericht wird noch schmackhafter wenn man die Hühnerkeulen über Nacht zugedeckt im Kühlschrank marinieren lässt.

Kurkuma oder Gelbwurz ist eine ingwerähnliche Wurzel (im gut sortierten Fachhandel erhältlich).

ERGIBT 4 PORTIONEN

Steak-Erdäpfelpfanne

Zutaten
500 g Rindslungenbraten
400 g Schweinslungenbraten
1 kg heurige Erdäpfel
3 EL Öl
etwas Salz
frisch gemahlener Pfeffer
etwas Chilipulver
1 Zwiebel
1 rote Paprikaschote
1 Becher Crème fraîche
100 g Gouda Käse
2 Jungzwiebeln

Vorbereitung
Den Rinds- und Schweinslungenbraten zuputzen; aus dem Rindsfilet 4 und aus dem Schweinsfilet 8 Scheiben schneiden; die Erdäpfel unter fließendem Wasser mit einer Bürste gut reinigen, auf einem Küchentuch trocknen und samt Schale in schmale Spalten schneiden (oberes Bild); Öl in einer großen Pfanne erhitzen; das Fleisch darin kräftig an beiden Seiten anbraten; mit Salz und Pfeffer würzen und herausnehmen; die Erdäpfel im Bratfett bei mittlerer Hitze 20 Minuten goldbraun braten.

Zubereitung
Die Zwiebel schälen und in Würfel schneiden; die Paprikaschote putzen, waschen und in Stücke schneiden (unteres Bild); Zwiebel und Paprikaschote ca. 5 Minuten vor Ende der Bratzeit zu den Erdäpfeln geben; mit Salz, Pfeffer und Chilipulver würzen; danach die Erdäpfel mit der Zwiebel und Paprikaschote in eine Servierpfanne umlegen; Crème fraîche mit Salz und Pfeffer würzen und über die Erdäpfeln träufeln; das Fleisch darauf legen und darin erhitzen; den Käse grob reiben und über das Fleisch streuen; im vorgeheizten Backrohr ca. 10 Minuten schmelzen lassen; die Jungzwiebeln putzen, waschen, fein schneiden und vor dem Servieren über das Gericht streuen.

ERGIBT 4 PORTIONEN

Huhn-Zucchinipfanne

Zutaten
4 - 6 Hühnerkeulen, ca. 800 g
Salz und weißer Pfeffer
2 EL Öl
2 Zucchini, ca. 600 g
1 Stück frischer Ingwer
2 mittlere Zwiebeln
1 roter Pfefferoni
1/8 l Gemüsefond
1 Zitrone (unbehandelt)

Zitronenzesten und Petersilie zum Bestreuen

ERGIBT 4 PORTIONEN

Vorbereitung
Die Hühnerkeulen waschen und trockentupfen; am Gelenk teilen; mit Salz und Pfeffer einreiben; Öl in einer Pfanne erhitzen; die Hühnerkeulen darin ca. 20 Minuten braten und dabei öfters wenden; Zucchini putzen, waschen und in dicke Scheiben schneiden; Ingwer und Zwiebel schälen; Ingwer in kleine Würfel schneiden und Zwiebel in Spalten schneiden; den Pfefferoni waschen, entkernen und in Streifen schneiden.

Zubereitung
Die Hühnerkeulen aus der Pfanne nehmen und danach warm stellen; Zucchini, Ingwer, Zwiebeln und Pfefferoni im Bratfett andünsten; mit Gemüsefond ablöschen und zugedeckt ca. 8 Minuten garen; von der Zitrone etwas Schale abreiben; die Hälfte der Zitrone auspressen; das Gemüse mit Salz, Pfeffer, Zitronensaft und Zitronenschale würzen; die Hühnerkeulen in die Pfanne zurücklegen und kurz darin erwärmen.
Das Gericht vor dem Servieren mit Petersilie und Zitronenzesten bestreuen.

Austernpilz-Karottenpfanne

Zutaten
500 g Austernpilze
250 g Karotten
2 kleine Zwiebeln
2 Knoblauchzehen
1/8 l Wasser
4 EL Öl
1 Gemüsesuppenwürfel
125 g Crème fraîche
1 Bund Petersilie
etwas Salz
frisch gemahlener Pfeffer

Vorbereitung
Die Pilze putzen und je nach Größe klein schneiden; die Karotten schälen, waschen und in dünne Scheiben schneiden; die Zwiebeln schälen und in Spalten schneiden; den Knoblauch schälen und fein hacken; die Petersilie waschen und - bis auf einige Blättchen zum Garnieren - fein hacken.

Zubereitung
Das Öl in einer Pfanne erhitzen; Zwiebeln und Knoblauch darin andünsten; Karotten und Pilze zugeben und unter Wenden rundum anbraten; mit 1/8 l Wasser ablöschen, aufkochen und den Gemüsesuppenwürfel darin auflösen; alles ca. 8 Minuten dünsten lassen; die Crème fraîche zugeben und weitere 2 Minuten leicht einkochen lassen; Petersilie unterrühren und mit Salz und Pfeffer würzen; mit Petersilblättchen garniert servieren.

ERGIBT 2 - 3 PORTIONEN

Schweinskoteletts

mit Kohl und Lauch

Zutaten
4 Schweinskoteletts, à 160 g (ohne Knochen)
1 kleiner Kohl
2 Stangen Lauch
2 Karotten
4 mittlere, mehlige Kartoffeln
etwas Salz
frisch gemahlener Pfeffer
Roggenmehl zum Bestreuen
80 g Butter
1 l kräftige Rind- oder Kalbssuppe

Vorbereitung
Die Kartoffeln schälen, in 1/2 cm dicke Scheiben schneiden und in kaltem Wasser bereithalten; die Karotten schälen und in schräge, 1/2 cm dicke Scheiben schneiden; den Lauch waschen, putzen und ebenso wie die Karotten schneiden; den Kohl putzen, waschen, halbieren und den Strunk herausschneiden; die Koteletts am Fettrand einschneiden und beidseitig leicht klopfen; mit Salz und Pfeffer würzen und auf beiden Seiten mit Roggenmehl bestauben (oberes Bild).

Zubereitung
Das Backrohr auf 200 Grad vorheizen; den Kohl in Salzwasser ca. 10 Minuten lang kochen; mit kaltem Wasser abspülen und in einem Sieb gut abtropfen lassen; die Butter in einer Bratpfanne erhitzen, die Koteletts einlegen und an beiden Seiten rasch anbraten; aus der Pfanne nehmen und warm stellen; in der Bratpfanne eine Schichte Kohlblätter einlegen und die Lauch-, Karotten- und Kartoffelscheiben darauf legen; sodann das Fleisch einlegen (unteres Bild); restliche Zutaten einschichten, mit Pfeffer würzen und mit Suppe aufgießen; das Gericht zugedeckt im Backrohr 20 Minuten garen, danach abdecken und weitere 20 Minuten fertig garen.

ERGIBT 4 PORTIONEN

Lammpfanne *mit Datteln*

Zutaten
8 Lammkoteletts, à 180 g
150 g Röstgemüse (Karotten, Sellerie und Zwiebeln in kleine Würfel geschnitten)
3 EL Öl
1 TL Paradeismark
1/4 l Rotwein
1/4 l Wasser
etwas Salz, Pfeffer, Kümmel, Kardamom, Zimt, Anis und Safran
1 Lorbeerblatt
2 Knoblauchzehen
400 g kleine Erdäpfel (fest kochende Sorte)
1/2 Bund Petersilie
3 Karotten
150 g Datteln
2 Pfefferoni

1/2 TL rotes, türkisches Gewürz (Sumach) oder Paprika zum Bestreuen

Vorbereitung
Die Lammkoteletts zuputzen und die Abschnitte bereithalten; den Knoblauch schälen und durch die Presse drücken; die Koteletts mit Salz, Pfeffer, Kardamom, Knoblauch und Kümmel würzen; das Öl in einer Pfanne erhitzen und die Koteletts an beiden Seiten zu schöner Farbe anbraten; danach die Koteletts herausnehmen und beiseite stellen; im Bratrückstand die Abschnitte und das Röstgemüse braun anrösten; das Paradeismark einrühren, kurz mitrösten und mit Rotwein ablöschen; mit 1/4 l Wasser auffüllen (oberes Bild), Zimt, Anis, Safran und Lorbeerblatt beifügen und einkochen lassen; danach abseihen, entfetten und mit Salz und Pfeffer würzen.

Zubereitung
Die Erdäpfel schälen und längs halbieren; die Karotten waschen, putzen, schälen und in schräge Stücke schneiden; die Datteln entsteinen; die Pfefferoni halbieren, entkernen und in kleine Würfel schneiden (unteres Bild); die Petersilie waschen und hacken; die Sauce in einer flachen Kasserolle erhitzen; Erdäpfel, Karotten, Pfefferoni und Datteln beifügen und ca. 25 Minuten kochen lassen; danach die Lammkoteletts dazugeben und weitere 10 Minuten kochen.
Vor dem Servieren das Gericht mit rotem Gewürz und Petersilie bestreuen.

ERGIBT 4 PORTIONEN

Estragon-Kaninchen

mit Obers-Senfsauce

Zutaten
1 Kaninchen (ca. 1,5 kg)
3 mittelgroße Zwiebeln
20 g Butterschmalz
Salz und weißer Pfeffer
1/8 l Weißwein
3/8 l Wasser
3 Karotten
250 g kleine Champignons
1 EL Butter
1/4 l Gemüsefond
je 1/2 Bund Estragon
und Petersilie
1/8 l Obers
2 EL mittelscharfer Senf

Vorbereitung
Das Kaninchen in 8 - 10 Teile (Keulen und Schultern abtrennen, Rücken in vier Teile schneiden) zerlegen; die Kaninchenteile waschen und trockentupfen; die Zwiebeln schälen und in Spalten schneiden; die Karotten waschen, putzen und in Stücke schneiden; die Champignons vorsichtig säubern und halbieren (oberes Bild); Petersilie und Estragon waschen und hacken; das Backrohr auf 200 Grad vorheizen.

Zubereitung
Das Butterschmalz erhitzen und das Kaninchenfleisch darin unter Wenden anbraten und würzen; die Zwiebeln beifügen und mitrösten (unteres Bild); die Pfanne ins Backrohr stellen und die Kaninchenteile ca. 50 Minuten garen; dabei öfters mit Wein, Wasser und Eigensaft übergießen; die Champignons in heißer Butter anbraten, würzen und danach herausnehmen; die Karotten im verbliebenen Bratfett andünsten; mit Gemüsefond ablöschen, aufkochen und ca. 10 Minuten garen; die Champignons beifügen und erhitzen; Petersilie und Estragon darüber streuen; Obers und Senf nach ca. 30 Minuten zum Fleisch geben, etwas einkochen lassen und nachwürzen; gegen Ende der Bratzeit das Karotten-Champignongemisch zum Kaninchen geben.

ERGIBT 4 PORTIONEN

Gemüse-Pfandl

Zutaten
pro Portion berechnet
2 Eier
etwas Salz
frisch gemahlener Pfeffer
1 Stück rote Zwiebel
1/4 rote Paprikaschote
1/4 Zucchini
1 Karotte
1 Stückchen Petersilwurzel
40 g Erbsen
1/4 Stange Lauch
20 g Butter

Vorbereitung
Zwiebel schälen und fein hacken; Paprika waschen und weiße Häutchen samt Kernen entfernen; Schoten in kleine Würfel schneiden; Zucchini waschen, halbieren und die Kerne herausnehmen; Zucchini in 1/2 cm breite Scheiben schneiden; in Salzwasser blanchieren, abseihen, mit kaltem Wasser abschrecken und in einem Sieb abtropfen lassen; die Karotte und die Petersilwurzel waschen, schälen, in gefällige Stücke schneiden, in Salzwasser blanchieren, abseihen, abschrecken und abtropfen lassen; die Erbsen ebenfalls blanchieren, abschrecken und abtropfen lassen.

Zubereitung
Den Lauch waschen, putzen, in feine Ringe schneiden und mit den Zwiebeln und den Paprikawürfeln in erhitzter Butter anschwitzen lassen; die Eier mit Salz und Pfeffer versprudeln; danach die Zucchinischeiben, die Karotten, die Petersilwurzel und die Erbsen zum Lauch-Zwiebel-Paprikagemisch geben, mit den versprudelten Eiern übergießen und bei geringer Hitze stocken lassen; zuletzt alles mit Pfeffer bestreuen.

Paradeis-Omeletts

Zutaten
6 Paradeiser
1/2 Bund Petersilie
1/2 Bund Basilikum
2 EL Olivenöl
6 Eier
etwas Salz
frisch gemahlener Pfeffer

Vorbereitung
Die Paradeiser (nur sehr feste, aber reife Früchte verwenden) kurz in heißes Wasser tauchen; danach schälen, in Würfel schneiden und dabei die Kerne entfernen; das Basilikum und die Petersilie waschen und fein hacken.

Zubereitung
Die Eier mit etwas Salz verquirlen; das Öl in einer geräumigen Pfanne gut erhitzen; die Paradeiswürfel beifügen, mit Pfeffer und den Kräutern würzen und durchrösten; sodann die Eier darüber gießen und alles stocken lassen; eventuell noch etwas nachwürzen.
Dazu passt frischer, grüner Salat und knuspriges Weißbrot.

ERGIBT 4 PORTIONEN

Perlhuhn mit Kürbis

Zutaten
1 Perlhuhn, ca. 1,3 kg (küchenfertig)
Salz und Pfeffer
3 Knoblauchzehen
2 EL Öl
1 Bund Thymianzweige
400 g frischer Kürbis
400 g festkochende Kartoffeln
1 roter Pfefferoni
2 rote Zwiebeln
20 g Ingwerwurzel
1 EL Zucker
1 EL Butter
3 EL Weißweinessig
3/8 l Geflügelfond
1 EL Speisestärke

Vorbereitung
Das Backrohr auf 200 Grad vorheizen; das Perlhuhn längs in zwei Hälften teilen; von jeder Hälfte die Keule abschneiden; die Keulen im Gelenk in Ober- und Unterkeule teilen; die beiden Brusthälften mitsamt den Brustknochen und Flügeln in 3 Stücke schneiden (oberes Bild); das Fleisch salzen und pfeffern; den Knoblauch schälen und in grobe Würfel schneiden; das Öl in einer Pfanne erhitzen; die Geflügelteile rundum anbraten; den Knoblauch und einige Thymianzweige beifügen; die gut angebratenen Teile herausnehmen und in eine Pfanne legen; im vorgeheizten Backrohr ca. 30 Minuten fertig braten; die Zwiebeln schälen und in Spalten schneiden; restlichen Thymian abzupfen und hacken.

Zubereitung
Den Kürbis schälen und entkernen; die Kartoffeln waschen und schälen; den Pfefferoni entkernen und in Streifen schneiden; das Kürbisfleisch und die Kartoffeln in 1/2 cm dicke, gleich große Scheiben schneiden; Ingwer schälen und in feine Stifte schneiden; den Zucker in der Pfanne karamellisieren; Butter, Kürbis, Kartoffeln, Pfefferoni, Zwiebeln, Ingwer und den gehackten Thymian beifügen (unteres Bild); mit Salz und Pfeffer würzen; mit Essig ablöschen und mit Fond auffüllen; danach 20 Minuten garen lassen; das Gemüse mit angerührter Speisestärke binden; kurz vor dem Servieren die Perlhuhnteile in die Pfanne geben.

ERGIBT 4 PORTIONEN

Steinpilz-Eierspeise

Zutaten
500 g Steinpilze
1 kleine Zwiebel
1 Knoblauchzehe
etwas Salz
frisch gemahlener Pfeffer
etwas gemahlener Kümmel
2 EL Butter
4 Eier
2 EL Obers

1/2 Bund Petersilie zum Bestreuen

Vorbereitung
Die Steinpilze putzen, abbürsten, rasch mit Wasser abspülen, mit Küchenpapier abtupfen und in nicht zu dünne Scheiben schneiden; die Zwiebel und den Knoblauch schälen und fein hacken; die Petersilie waschen und fein hacken.

Zubereitung
Die Eier mit dem Obers versprudeln; die Butter in einer Pfanne erhitzen und darin die Zwiebel glasig anrösten; Steinpilze und Knoblauch zugeben, kurz dünsten und mit Salz, Pfeffer und Kümmel würzen; das Obers-Eigemisch darüber gießen und bei geringer Hitze stocken lassen; zuletzt mit gehackter Petersilie bestreuen.

ERGIBT 2 - 3 PORTIONEN

Pfannenpizza

Zutaten für 4 Portionen
250 g Mehl
1 Pck. Trockengerm (7 g)
1 TL Zucker, 4 EL Olivenöl
etwas Salz, 150 ml Wasser
250 g gemischtes Faschiertes
Pfeffer und Paprikapulver
150 g Champignons
75 g gekochter Schinken
125 g Mozzarella
75 g Gouda-Käse
3 - 4 Stiele oder 1 TL Thymian
200 g Tomaten, in Stücken (Dosenware)
1 - 2 EL Ketchup
1 frische Tomate

Fett für die Pfanne

Vorbereitung

Das Mehl in eine Schüssel geben; Germ, Zucker und Salz zufügen und trocken vermischen; 150 ml lauwarmes Wasser und 3 EL Öl zugießen und alles gut verkneten; den Teig zugedeckt an einem warmen Ort ca. 25 Minuten gehen lassen; das Faschierte im restlichen, heißen Öl rasch anbraten; mit Salz, Pfeffer und Paprika würzen; Champignons putzen, waschen und in Scheiben schneiden; das Backrohr auf 220 Grad vorheizen.

Zubereitung

Schinken in Würfel und Mozzarella in Scheiben schneiden; Gouda-Käse raspeln; Thymian waschen und abzupfen; mit Tomaten und Ketchup verrühren und würzen; die frische Tomate waschen und in kleine Würfel schneiden; den Teig durchkneten; auf einer mit Mehl bestaubten Arbeitsfläche rund (Durchmesser 26 cm) ausrollen; in eine gefettete Pfanne (Durchmesser 26 cm) legen und ca. 20 Minuten gehen lassen; den Teig mit der Tomatensauce bestreichen; die vorbereiteten Zutaten darauf verteilen; die Pizza ca. 30 Minuten backen.

Schweinsschnitzel

mit Erdäpfeln

Zutaten
4 Schweinsschnitzel, à 160 g
1 Knoblauchzehe
1 Prise gemahlener Kümmel
etwas Salz
frisch gemahlener Pfeffer
400 g mehlige Erdäpfel
1 große Zwiebel
1 EL Paradeismark
1 TL Paprikapulver
2 EL Öl
20 g Butter

Vorbereitung
Die Zwiebel schälen und in Ringe schneiden; den Knoblauch schälen und zerdrücken; die Erdäpfel schälen, waschen und in Scheiben schneiden; die Schnitzel leicht klopfen, am Rand mehrmals einschneiden, mit Salz und Pfeffer einreiben und mit Knoblauch und Kümmel würzen (oberes Bild).

Zubereitung
In einer Pfanne das Öl erhitzen und darin die Schnitzel beidseitig rasch zu brauner Farbe braten; danach die Schnitzel herausnehmen und warm halten; im Bratrückstand die Butter zergehen lassen und die Zwiebelringe darin anrösten; sodann die Zwiebel mit dem Paradeismark und dem Paprikapulver vermischen und gut durchrühren; die vorgebratenen Fleischstücke und die rohen Erdäpfelscheiben einlegen (unteres Bild) und mit soviel Wasser aufgießen, dass Fleisch und Erdäpfel gerade bedeckt sind; alles bei geringer Hitze weich dünsten.

ERGIBT 4 PORTIONEN

Frühstückspfanne

Zutaten für 4 Portionen
200 g beliebige Fleischreste (gebraten oder gekocht)
2 Paar Frankfurter Würstel
1/2 kg Kartoffeln
4 EL Öl
1 große Zwiebel
1/2 Bund Petersilie
5 Eier
1 TL Paprikapulver
etwas Salz
frisch gemahlener Pfeffer

Petersilie zum Bestreuen

Vorbereitung
Die Kartoffeln waschen, in der Schale weich kochen, schälen und feinblättrig schneiden; die Fleischreste klein würfelig schneiden; die Frankfurter Würstel in Scheibchen schneiden; die Zwiebel schälen und fein hacken; die Petersilie waschen und ebenfalls fein hacken; die Eier salzen und gut versprudeln.

Zubereitung
In einer geräumigen Pfanne das Öl erhitzen und die Zwiebeln darin goldgelb anrösten; die Kartoffeln, das Fleisch, die Wurstscheiben und die Petersilie beigeben; mit Salz, Pfeffer sowie Paprikapulver würzen und alles kurz durchrösten; danach die versprudelten Eier darüber gießen und - ohne umzurühren - bei geringer Hitze stocken lassen; das Gröstel mit einer Schmarrenschaufel vorsichtig vom Pfannenboden lösen und wenden; abermals 5 - 8 Minuten fertig backen, mit gehackter Petersilie bestreuen und sogleich heiß servieren.

Überbackene Kohlsprossen

Zutaten
400 g Kohlsprossen
etwas Salz
weißer Pfeffer
2 Knoblauchzehen
120 g gekochtes Selchfleisch
80 g Emmentaler Käse

einige Butterflocken und etwas Semmelbrösel zum Bestreuen

Butter für die Form

Vorbereitung
Die Kohlsprossen von den äußeren, welken Blättern befreien und in kaltem Wasser waschen; sodann in reichlich Salzwasser einige Minuten kernig weich kochen, in einem Sieb abtropfen lassen und bereithalten; das Selchfleisch in feine Streifen schneiden; den Knoblauch schälen und in Scheibchen schneiden; den Emmentaler Käse fein reiben.

Zubereitung
Eine geeignete Pfanne dünn mit Butter ausstreichen und die Kohlsprossen hineingeben; mit den Knoblauchscheibchen bestreuen und mit Salz und Pfeffer würzen; Emmentaler Käse mit Selchfleisch vermengen und ebenfalls über die Kohlsprossen verteilen; zuletzt mit Butterflocken belegen, mit etwas Semmelbröseln bestreuen und im Backrohr bei Oberhitze überbacken; der Käse soll leicht gebräunt sein.

ERGIBT 2 PORTIONEN

Reispfanne „Tabasco“

Zutaten
1,2 kg Huhn
300 g gesurtes, mageres Schweinefleisch
6 EL Olivenöl
1 TL Salz
1/2 TL Tabascosauce
2 Zwiebeln
1 Knoblauchzehe
1 kleine Dose Tomaten (geschält)
1 EL Tomatenmark
1 EL edelsüßes Paprikapulver
1 Pck. Safranfäden
1 Prise Cayennepfeffer
1/2 l klare Hühnersuppe
1/8 l Weißwein

400 g Langkornreis
300 g gemischte Meeresfrüchte (TK-Ware)
1 kleine Dose Artischockenherzen
200 g junge Erbsen (TK-Ware)

Vorbereitung
Das Huhn in 8 Stücke zerlegen; das Schweinefleisch in kleine Würfel schneiden; die Zwiebel schälen und fein schneiden; den Knoblauch schälen und in Scheibchen schneiden; (oberes Bild); das Hühner- und Schweinefleisch mit Öl, Tabascosauce und Salz gründlich vermischen und 30 Minuten marinieren lassen; die übrigen Zutaten bereitstellen.

Zubereitung
Eine geeignete Pfanne am Herd sehr heiß werden lassen; das marinierte Fleisch etwa 5 Minuten an allen Seiten hellbraun anbraten; Zwiebel und Knoblauch zugeben und kurz anrösten (unteres Bild); Tomaten und Tomatenmark zugeben und Paprika, Safranfäden und Cayennepfeffer darunter mischen; danach mit Hühnersuppe und Weißwein angießen und zugedeckt bei schwacher Hitze ca. 20 Minuten dünsten; den Reis in 2 l kochendem Salzwasser ca. 12 Minuten kochen lassen und dann in ein Sieb schütten; die tiefgefrorenen Meeresfrüchte und Erbsen mit heißem Wasser kurz abspülen; den Reis zum Fleisch geben, die Meeresfrüchte und Artischockenherzen darüber anordnen, zudecken und ca. 10 Minuten heiß werden lassen; zuletzt noch die Erbsen unterheben.

ERGIBT ca. 8 PORTIONEN

Rindsragout *mit Roten Rüben*

Zutaten
700 g Beiried, zugeputzt
etwas Salz
frisch gemahlener Pfeffer
4 EL Öl
1 Schalotte
120 g Gelbe Rüben
150 g Rote Rüben
120 g süßsaure Essiggurkerln
1 Bund Petersilie
1/8 l kräftiger Rindsbratensaft
1 kleines Stamperl Wodka
1/4 l Obers

gehackte Petersilie zum Bestreuen

Vorbereitung
Rote und Gelbe Rüben waschen, schälen und in feine Streifen schneiden; die Essiggurkerln ebenfalls feinnudelig schneiden; die Schalotte schälen und feinst hacken; die Petersilie waschen und fein hacken; das Fleisch in schmale Streifen schneiden; danach mit Salz und Pfeffer würzen (oberes Bild).

Zubereitung
Die Roten Rüben in Salzwasser kurz blanchieren und in ein Sieb leeren; mit kaltem Wasser abschrecken und gut abtropfen lassen; mit den Gelben Rüben in der gleichen Weise verfahren; einige Rüben- und Gurkenstreifen zum späteren Garnieren beiseite geben; das Öl in einer geräumigen Pfanne erhitzen; das Fleisch einlegen und bei starker Hitze an allen Seiten scharf anbraten; aus der Pfanne nehmen und warm stellen; den Bratrückstand entfetten, Wodka beifügen und flambieren; die Zwiebel darin goldgelb rösten, mit Bratensaft ablöschen und mit Obers aufgießen; die Rübenstreifen, die Gurkenstreifen und die Petersilie beifügen (unteres Bild) und alles zu einer Sauce verkochen; das Fleisch wiederum einlegen und nur mehr ziehen lassen, damit es nicht hart und zäh wird.
Das Ragout anrichten und mit den beiseite gelegten Gemüsestreifen sowie mit gehackter Petersilie bestreuen.

ERGIBT 4 PORTIONEN

Garnelenpfanne

Zutaten
16 Cocktailgarnelen (geschält und geputzt)
1 Dose weiße Bohnen (800 g Eigengewicht)
500 g Paradeiser
1 Zwiebel
3 Knoblauchzehen
1 Bund Basilikum
30 g Butter
2 EL Olivenöl
etwas Salz
1 EL Paradeismark
1/4 l Orangensaft
2 grüne Chilischoten

Vorbereitung
Die Garnelen längs halbieren; die Bohnen abspülen und abtropfen lassen; die Paradeiser einritzen, blanchieren, kalt abschrecken und die Haut abziehen; das Fruchtfleisch vierteln und entkernen; die Zwiebel und den Knoblauch schälen und fein schneiden; die Basilikumblätter waschen und klein schneiden; die Chilischoten aufschneiden und Kerne entfernen; Chilischoten in breite Streifen schneiden.

Zubereitung
Die Butter und das Öl in einer Pfanne erhitzen; die Garnelen darin einige Minuten braten; salzen und herausnehmen; die Zwiebel und den Knoblauch im Bratfett andünsten; das Paradeismark und den Orangensaft beifügen und einkochen lassen; die Bohnen und die Chilischoten beifügen und 5 Minuten garen lassen; die Paradeisstücke, das Basilikum und die Garnelen dazugeben und nochmals gut erhitzen.

ERGIBT 4 PORTIONEN

Bäckerkartoffeln

Zutaten
1 kg speckige Kartoffeln
500 g Paradeiser
130 g durchzogener Speck
50 g Butter
etwas Salz
frisch gemahlener Pfeffer
1 kleiner Zweig Thymian
1/2 Lorbeerblatt
1/8 l Wasser

Butter für die Form

ERGIBT 4 PORTIONEN

Vorbereitung
Die Kartoffeln waschen, schälen, in kaltes Wasser legen und beiseite stellen; die Haut der Paradeiser einritzen; den Stielansatz entfernen; die Paradeiser kurz in kochendes Wasser tauchen, enthäuten und in Stücke schneiden; den Saft dabei auffangen; vom Speck die Schwarte abschneiden; den Speck in kleine Würfel schneiden, in einer geeigneten Pfanne auslassen und überkühlen lassen; das Backrohr auf 180 Grad vorheizen.

Zubereitung
Die Kartoffeln aus dem Wasser nehmen und in 3 mm dicke Scheiben schneiden; eine Auflaufform mit Butter ausstreichen und schichtweise eine Lage Kartoffelscheiben, Paradeisstücke und Speckwürfel einlegen; gerebelten Thymian und Lorbeerblatt darüber streuen, einige Butterflocken darauf geben und mit Salz und Pfeffer würzen; diesen Vorgang so oft wiederholen, bis alle Zutaten aufgebraucht sind; den aufgefangenen Paradeissaft und 1/8 l Wasser zum Auflauf gießen und alles im vorgeheizten Backrohr ca. 35 Minuten garen.

Rindfleisch „Sichuan“

Zutaten

500 g mageres Rindfleisch, vom Schlögel
etwas Salz und Pfeffer
1 EL Maisstärke
5 EL Öl
2 Karotten
1 Selleriescheibe
3 Jungzwiebeln
Chilisauce nach Geschmack
1 TL Worcestersauce
3 EL Sojasauce
1/8 l trockener Sherry
1 TL Staubzucker

Vorbereitung

Das Fleisch in sehr dünne längliche Streifen schneiden; danach mit Salz, Pfeffer und Maisstärke vermengen; die Karotten und die Selleriescheibe schälen und in kleine Würfel schneiden; die Zwiebeln waschen, putzen und klein schneiden; Chili-, Worcester- und Sojasauce mit Sherry und Staubzucker vermischen und glatt verrühren.

Zubereitung

4 EL Öl sehr stark erhitzen und das Fleisch darin so lange braten, bis es schön knusprig ist; danach in einem Sieb gut abtropfen lassen; 1 EL Öl erhitzen und die Karotten- und Selleriewürfel unter ständigem Rühren anbraten lassen; danach das Saucengemisch und das Fleisch beifügen und ebenfalls unter ständigem Rühren, so lange köcheln lassen, bis die Flüssigkeit fast zur Gänze eingekocht ist; zuletzt die Zwiebeln zugeben und einige Minuten mitgaren lassen; dazu passt gedünsteter Reis.

ERGIBT 4 PORTIONEN

Schmarren

Topfenschmarren

mit Rosinen

Zutaten
300 g glattes Mehl
500 g Magertopfen
5 g Salz
geriebene Schale von 1 Zitrone
3 Dotter
1 Pck. Vanillezucker
100 g Butter
100 g Rosinen

Staubzucker zum Bestreuen

Vorbereitung
Das Mehl auf eine Arbeitsfläche sieben und den Topfen darauf verteilen; das Salz, die Zitronenschale und den Vanillezucker beifügen; in der Mitte eine Mulde machen und die Dotter hineingeben (oberes Bild); alles zusammen zu einem lockeren Teig abbröseln; danach den Teig 1/2 Stunde im Kühlen rasten lassen; die Rosinen verlesen.

Zubereitung
Das Backrohr auf 220 Grad vorheizen; die Butter in einer geräumigen Pfanne erhitzen und den Schmarrenteig darin anbacken lassen, bis er leicht gebräunt ist; danach den Schmarren mit einer Backschaufel auflockern; sodann die verlesenen Rosinen beifügen (unteres Bild); den Schmarren im vorgeheizten Backrohr so lange weiterbacken, bis er ganz locker ist und eine schöne Backbräune aufweist.
Den Topfenschmarren sofort anrichten, mit etwas Staubzucker bestreuen und mit Apfelkompott servieren.

Apfelkompott
Wasser und Zucker (Menge nach Belieben), Zitronensaft, Zitronenschale, Zimtrinde und Nelken aufkochen; Äpfel beifügen und kurz aufkochen lassen.

ERGIBT 4 PORTIONEN

Süßer Polentasterz

Zutaten für 4 Portionen
3/4 l Milch
1 Vanilleschote
1 Prise Salz
100 g Kristallzucker
250 g Maisgrieß (Polenta)
80 g Butter
geriebene Schale von 1 Zitrone
4 Eier
80 g Rosinen
1 kleines Stamperl Rum

Backpapier für die Form
Staubzucker zum Bestreuen
Minzeblättchen und Kompottäpfel zum Garnieren

Vorbereitung
Die Vanilleschote der Länge nach halbieren und mit der halben Menge des Zuckers und etwas Salz in der Milch aufkochen lassen; Polentagrieß einrühren, dick verkochen und erkalten lassen; Rosinen verlesen und mit Rum beträufeln; eine Backform mit Backpapier auslegen.

Zubereitung
Das Backrohr auf 180 Grad vorheizen; die Eier trennen; Butter auf Handwärme bringen und mit der Zitronenschale sehr schaumig rühren; nach und nach die Dotter beifügen und wieder schaumig rühren; die Eiklar mit dem restlichen Zucker zu steifem Schnee schlagen; die Vanilleschote aus der Polentamasse nehmen; den Dotterabtrieb zusammen mit den Rosinen und dem Schnee unter die Polentamasse heben und alles in die Form füllen; im Backrohr etwa 50 Minuten lang backen; danach in der Form erkalten lassen; erst dann aus der Form stürzen und das Papier abziehen; vor dem Servieren den Polentasterz in unregelmäßige Stücke schneiden und mit Kompottäpfeln und Minzeblättchen garnieren; zuletzt mit Staubzucker bestreuen.

Grießschmarren

Zutaten
200 g Weizengrieß
1/2 l Milch
3 EL Kristallzucker
1 Prise Salz
1 Pck. Vanillezucker
4 Eier
80 g Kristallzucker
80 g Rosinen

80 g Butter zum Backen
Staubzucker zum Bestreuen

Vorbereitung
Die Eier trennen; die Milch mit 3 EL Kristallzucker, Vanillezucker und Salz aufkochen; den Grieß unter ständigem Rühren einrieseln lassen und bei geringer Hitze dick einkochen; sodann gut überkühlen lassen; mit einer Schneerute die Dotter einrühren; die Rosinen verlesen; das Backrohr auf 200 Grad vorheizen.

Zubereitung
Die Eiklar mit 80 g Kristallzucker zu sehr steifem Schnee schlagen; den Schnee mit der Dotter-Grießmasse und den Rosinen vermengen; die Butter in einer feuerfesten Backform erhitzen; die Grießmasse hineingeben und im Backrohr anbacken lassen; mit einer Backschaufel öfters wenden und so lange weiterbacken, bis der Grießschmarren eine goldbraune Farbe hat; danach mit einer Gabel zerkleinern und ca. 10 Minuten im Backrohr ausdünsten lassen; den Grießschmarren anrichten, mit Staubzucker bestreuen und mit beliebigem Kompott servieren.

ERGIBT 4 PORTIONEN

Vanilleschmarren

mit Rhabarberkompott

Zutaten
6 Eier
3/8 l Milch
240 g glattes Mehl
1 Prise Salz
Mark von 2 Vanilleschoten
3 EL Obers
Öl zum Ausbacken
30 g Butter
Rhabarber-Kompott
600 g frischer Rhabarber
Saft von 1 Zitrone
etwas Zitronenschale
einige Gewürznelken
1 Stückchen Zimtrinde
Zucker nach Geschmack
1/16 l Weißwein

Staub- und Vanillezucker zum Bestreuen

Vorbereitung

Die Eier trennen; das Vanillemark mit Dottern, Milch, gesiebtem Mehl, Salz und Obers zu einem glatten Teig verrühren; die Eiklar mit Salz zu steifem Schnee schlagen und unter den Teig heben (oberes Bild); den Rhabarber waschen, schälen und in 3 cm lange Stücke schneiden.

Zubereitung

Den Wein mit Zitronensaft, Zitronenschale, Zimtrinde, Gewürznelken und Zucker aufkochen lassen; Rhabarber einlegen und zugedeckt auf kleiner Flamme einige Minuten nicht zu weich dämpfen; danach erkalten lassen; das Backrohr auf 125 Grad vorheizen; in einer Pfanne 1 - 2 EL Öl gut erhitzen und einen Teil des Teiges fingerhoch eingießen; bei mittlerer Hitze anbacken, wobei die Oberfläche etwas antrocknen soll; danach vorsichtig mit einer Backschaufel wenden (unteres Bild); nochmals 1 - 2 EL Öl unter den Teig in die Pfanne gießen und auch an der Unterseite backen; danach mit der Backschaufel zerkleinern; diesen Vorgang wiederholen, bis der Teig verbraucht ist; die Butter in einer Pfanne erhitzen, den Schmarren hineingeben und im vorgeheizten Backrohr 10 Minuten nachziehen lassen; vor dem Servieren den Schmarren mit Staub- und Vanillezucker bestreuen.

ERGIBT 4 PORTIONEN

Reisschmarren

aus
Großmutters Kochbuch

Zutaten
150 g Reis
1/4 l Milch
1 Prise Salz
100 g Butter
2 Dotter
2 Eier
50 g gehobelte Mandeln
50 g Rosinen
1 großes Stamperl Rum

3 EL Butter zum Backen

Vorbereitung
Die Milch mit etwas Wasser und Salz zum Kochen bringen; den Reis einrühren, nicht zu weich kochen, abseihen und abtropfen lassen; die Rosinen verlesen und mit dem Rum beträufeln; 100 g Butter schaumig rühren; nach und nach die Dotter sowie die Eier beifügen und nochmals schaumig rühren.

Zubereitung
Die Rosinen, die Mandelblättchen und den abgetropften Reis zum Butter-Eierabtrieb geben (oberes Bild); 3 EL Butter in einer geräumigen Pfanne erhitzen, die Reismasse hineinleeren, anbacken lassen und mit Hilfe zweier Gabeln in kleine Stücke reißen (unteres Bild); den Schmarren unter öfterem Wenden fertig backen; den Reisschmarren auf vorgewärmten Tellern anrichten und nach Belieben mit Staubzucker bestreuen und mit Kompott servieren.

ERGIBT 4 PORTIONEN

Holunderschmarren

Zutaten für 4 Portionen

200 g Holunderbeeren
150 g Weizenmehl, glatt
1/4 l Milch
1 EL Honig
2 Eier, 2 Dotter
abgeriebene Schale von
1/2 Zitrone
etwas Salz
1 Stamperl Holunderschnaps
1 TL Vanillezucker
40 g Kristallzucker
20 g Butter

Staubzucker zum Bestreuen

Vorbereitung

Die Eier trennen; die Holunderbeeren verlesen, waschen und gut abtropfen lassen; Mehl, Milch und Honig in einer Schüssel verrühren; 4 Dotter unterrühren; Zitronenschale und Salz beifügen; Holunderschnaps und Vanillezucker unterrühren; die Eiklar mit 20 g Zucker zu steifem Schnee schlagen und vorsichtig unter den Teig mischen; das Backrohr auf 200 Grad vorheizen.

Zubereitung

Die Butter in einer Pfanne zerlaufen lassen und die Holunderbeeren kurz darin schwenken; den Schmarrenteig gleichmäßig darüber gießen und leicht verrühren; die Masse anbacken lassen; danach im Backrohr auf der mittleren Schiene 8 - 10 Minuten backen; wenn der Schmarren gut gebacken ist, herausnehmen und mit zwei Gabeln vorsichtig in kleine Stücke teilen; mit Kristallzucker bestreuen und am Herd nochmals nachbräunen.
Vor dem Servieren den Schmarren mit Staubzucker bestreuen.

Milchrahmschmarren

Zutaten
250 g glattes Mehl
5 Eier
1 Prise Salz
1 Pck. Vanillezucker
1/2 l Sauerrahm
80 g Feinkristallzucker
80 g Butter
100 g Rosinen
1 kleines Stamperl Rum

Staubzucker zum Bestreuen

Vorbereitung
Das Backrohr auf 180 Grad vorheizen; das gesiebte Mehl mit einem ganzen Ei, vier Dottern, Salz, Vanillezucker und Sauerrahm zu einem festen, glatten Teig verrühren; die Eiklar mit Kristallzucker zu steifem Schnee schlagen und unter die Rahmmasse heben; in einer geeigneten Backpfanne die Butter erhitzen und den Schmarrenteig eingießen; im vorgeheizten Backrohr etwa 1/2 Stunde schön anbacken lassen.

Zubereitung
Danach den Auflauf mit Hilfe einer Gabel und einer Schmarrenschaufel in größere Stücke zerteilen und im Backrohr ausdünsten lassen; Rosinen mit Rum vermengen; den Schmarren sodann weiter zerkleinern und die Rosinen untermengen; am Herd bei geringer Hitze so lange durchrösten lassen, bis er ganz locker zerfällt; sogleich anrichten, nach Belieben mit Staubzucker übersieben und mit Zwetschkenröster servieren.

ERGIBT 4 PORTIONEN

Mandelschmarren

Zutaten
120 g Butter
1 Pck. Vanillezucker
6 Eier
1/2 l Milch
90 g ungeschälte, geriebene Mandeln
100 g Rosinen
200 g glattes Mehl
100 g Kristallzucker
60 g Butter zum Backen
3 EL Kristallzucker
etwas gemahlener Zimt
geriebene Schale von 1 Zitrone

Staubzucker zum Bestreuen

Vorbereitung
Die Eier trennen; 120 g Butter mit Vanillezucker sehr schaumig rühren; nach und nach die Dotter einmengen und wieder sehr schaumig rühren; die Milch mit den Mandeln und dem gesiebten Mehl glatt versprudeln und in den Butterabtrieb geben; die Eiklar mit dem Zucker zu sehr steifem Schnee schlagen (oberes Bild) und zusammen mit Zitronenschale unter den Teig ziehen.

Zubereitung
Das Backrohr auf 200 Grad vorheizen; in einer Backpfanne 60 g Butter erhitzen; den Schmarrenteig eingießen und im vorgeheizten Backrohr ca. 35 Minuten backen; (bei Heißluft 190 Grad 30 Minuten); danach den Schmarren mit Hilfe einer Backschaufel und einer Gabel in kleine Stücke zerteilen (unteres Bild); die Pfanne auf die Herdplatte stellen und den Schmarren gut durchrösten lassen; zuletzt Rosinen, Zimt und Kristallzucker beifügen; den Schmarren zum Ausdünsten in das Backrohr stellen; zwischendurch immer wieder mit einer Gabel auflockern; danach anrichten und mit Staubzucker bestreut servieren.
Zu diesem Schmarren passt Ribiselkompott.

ERGIBT 4 PORTIONEN

Nuss-Topfenschmarren

aus
Großmutters Kochbuch

Zutaten
4 Eier
1 Prise Salz
50 g Kristallzucker
1 Pck. Vanillezucker
geriebene Schale von
1/2 unbehandelten Zitrone
50 g glattes Mehl
1 TL Backpulver
30 g Speisestärke
250 g magerer, passierter
Topfen
150 g geriebene Walnüsse
4 EL feiner Grieß
1 großes Stamperl Rum

Butter zum Backen
Staubzucker zum Bestreuen

Vorbereitung

Die Eier trennen; die Dotter mit dem Vanillezucker, 2 EL heißem Wasser und 1 EL Kristallzucker sehr schaumig rühren; die Eiklar mit Salz zu steifem Schnee aufschlagen; den restlichen Kristallzucker beifügen und steif ausschlagen; den passierten Topfen und den Rum zur Dottermasse geben; nochmals schaumig rühren und den Schnee unterheben; zuletzt das mit Backpulver und Speisestärke versiebte Mehl, die Nüsse, den Grieß und die geriebene Zitronenschale vorsichtig untermengen (oberes Bild).

Zubereitung

Das Backrohr auf 180 Grad vorheizen; Die Butter in einer geeigneten Pfanne erhitzen und die halbe Menge der Masse hineingeben (unteres Bild); bei mittlerer Hitze anbacken, wenden und auch auf der anderen Seite goldbraun backen; den Schmarren mit Hilfe zweier Gabeln zerreißen und in eine Backform umleeren; diesen Backvorgang mit der restlichen Teigmasse nochmals wiederholen; zuletzt den Topfenschmarren im vorgeheizten Backrohr 20 Minuten fertig backen; auflockern und auf vorgewärmten Tellern - mit Staubzucker bestreut - sogleich servieren; als Beilage zu dieser köstlichen, warmen Mehlspeise passt Birnenkompott.

ERGIBT 4 PORTIONEN

Kräuterschmarren

Zutaten
250 g glattes Weizenmehl
4 Eier
1 kleine Zwiebel
80 g Butter, 0,3 l Milch
1/2 Bund Schnittlauch
1/2 Bund Petersilie
1 TL Kerbel, getrocknet
etwas Salz
frisch gemahlener Pfeffer
etwas geriebene Muskatnuss

gehackte Petersilie zum
Bestreuen

Vorbereitung
Die Eier trennen; die Dotter mit der Milch und dem gesiebten Mehl zu einem glatten Teig rühren; den Schnittlauch waschen und fein schneiden; die Petersilie und den Kerbel waschen und hacken; alle Kräuter unter den Teig mengen; mit Salz, Pfeffer und Muskatnuss würzen; die Eiklar zu steifem Schnee schlagen und vorsichtig unter den Teig heben; die Zwiebel schälen und fein schneiden.

Zubereitung
In der Pfanne die Butter erhitzen und die geschnittene Zwiebel glasig anrösten; den Kräuterteig dazugießen und an beiden Seiten goldbraun backen; den gebackenen Teig mit zwei Gabeln in kleine Stücke reißen und nochmals gut durchschwenken; zuletzt den Kräuterschmarren mit gehackter Petersilie bestreuen.

ERGIBT 2 PORTIONEN

Gemüseschmarren

Zutaten für 4 Portionen

Teig

4 Eier
150 g glattes Mehl
1/4 l Sauerrahm
etwas Milch
1 Prise Salz
Öl zum Backen

1 Karotte
1 Kohlrabi
1 grüne Paprikaschote
1 gelbe Paprikaschote
1/2 Fenchelknolle

Schnittlauch zum Bestreuen
beliebiger Blattsalat

Vorbereitung

Die Karotte und den Kohlrabi waschen, schälen und in kleine Würfel schneiden; die Paprikaschoten waschen; die weißen Häutchen und die Kerne entfernen; die Schoten in kleine Würfel schneiden; den Fenchel waschen, putzen und feinnudelig schneiden; Karotte, Kohlrabi und Fenchel in Salzwasser blanchieren, abseihen und gut abtropfen lassen.

Zubereitung

Den Sauerrahm mit etwas Milch, den Eiern, dem gesiebten Mehl und Salz glatt verrühren; die Masse einige Zeit rasten lassen; in einer geeigneten Pfanne das Öl erhitzen und das Gemüse und die Paprikawürfel darin kurz anrösten; den Teig darüber gießen und anbacken lassen; mit Hilfe einer Schmarrenschaufel wenden und auch die andere Seite goldbraun backen; sodann zu einem Schmarren zerreißen und noch einige Zeit nachbacken lassen; den Gemüseschmarren mit Schnittlauch bestreuen und mit beliebigem Blattsalat servieren.

Bohnensterz

Zutaten
400 g weiße Bohnen
250 g Weizenmehl
100 g Selchspeck, durchzogen
etwas Salz
3 EL Butterschmalz
1 große Zwiebel

ERGIBT 4 PORTIONEN

Zubereitung
Die Bohnen über Nacht einweichen; danach in soviel Salzwasser weich kochen, dass die Bohnen während des Kochens immer bedeckt sind; die fertig gekochten Bohnen sollen gerade noch mit dem Kochwasser bedeckt sein; das Mehl trocken erhitzen; die Bohnen samt dem Kochwasser zugießen und langsam weiterkochen; dabei die größeren Mehlklumpen zerkleinern, damit das Bohnenwasser nach und nach das trockene Mehl durchdringt; die Sterzmasse soll klumpig, aber nicht patzig werden; den Speck kleinwürfelig schneiden und in etwas Butterschmalz rösten; danach die Bohnen-Mehlmasse darüber geben und bei milder Hitze zugedeckt ausdünsten lassen; dabei immer wieder durchschaufeln; es sollen sich auch Krusten bilden; die Zwiebel schälen und in Ringe schneiden; im restlichen Butterschmalz rösten und auf dem Sterz verteilen.

Gröstln

Grenadiermarsch

Zutaten
400 g mehlige Erdäpfel
1 mittlere Zwiebel
150 g Teigwaren (Fleckerln)
2 fertige Semmelknödel
100 g gebratenes Bauchfleisch
etwas Salz
frisch gemahlener Pfeffer
1 MS scharfes Paprikapulver
3 EL Öl

4 Eier
1/2 Bund gehackte Petersilie

Vorbereitung
Die Erdäpfel in der Schale in Salzwasser nicht zu weich kochen; abseihen, ausdampfen lassen, schälen, erkalten lassen und in Scheiben schneiden; die Zwiebel schälen und fein hacken; die Fleckerln in Salzwasser bissfest kochen, abseihen, mit kaltem Wasser abschrecken und gut abtropfen lassen; die Semmelknödel halbieren und in Scheiben schneiden; das Bauchfleisch von eventuellen Krusten sowie Knorpeln befreien und in feine Streifen schneiden.

Zubereitung
Das Öl in einer geräumigen Pfanne erhitzen, die Zwiebel darin hell rösten; die Erdäpfelscheiben, Semmelknödel und das Bauchfleisch beifügen und mitrösten; mit Salz, Pfeffer und Paprikapulver würzen; zuletzt die Fleckerln zugeben und etwas nachziehen lassen; die Spiegeleier bereiten und mit dem Grenadiermarsch servieren; zuletzt mit Petersilie bestreuen; dazu passt frischer Salat.

ERGIBT 4 PORTIONEN

Erdäpfelnudeln *mit Schafkäse*

Zutaten
1,5 kg große, mehlige Erdäpfel
300 - 400 g griffiges Mehl
2 Eier
1 EL Butter
etwas Salz
frisch gemahlener Pfeffer
150 g Selchspeck
200 g Schafkäse (frisch)

1/2 Bund Schnittlauch, geschnitten, zum Bestreuen

Vorbereitung
Die halbe Menge der Erdäpfel in der Schale kochen; danach schälen und durch die Erdäpfelpresse drücken; die restlichen Erdäpfel waschen, schälen und roh in eine Schüssel mit kaltem Wasser reiben (damit die Masse nicht braun wird); danach abseihen und mit einem Küchentuch gut ausdrücken; beide Erdäpfelmassen rasch mit Mehl, weicher Butter, Eiern und Salz vermischen; den Erdäpfelteig auf ein befeuchtetes Brett geben, mit Hilfe einer Teigkarte kleine Nudeln abtrennen und in kochendes Salzwasser geben; kurz wallen lassen, bis alle Nudeln an der Oberfläche schwimmen; danach die Nudeln herausnehmen und abtropfen lassen.

Zubereitung
Den Selchspeck in kleine Streifen schneiden und in einer passenden Pfanne goldbraun anrösten; die Nudeln zugeben, gut durchschwenken und nach Bedarf salzen und pfeffern; den Schafkäse über die noch heißen Nudeln bröseln und untermischen; zuletzt die Erdäpfelnudeln mit Schnittlauch bestreuen.

ERGIBT 6 - 8 PORTIONEN

Überbackene Spiegeleier

Zutaten
pro Portion berechnet
100 g Champignons
etwas Zitronensaft
20 g Butter
Salz und Pfeffer
etwas Petersilie
2 Eier

Butter zum Braten
geriebener Emmentaler Käse zum Überbacken
Schnittlauch zum Bestreuen

Vorbereitung
Die Champignons waschen, putzen, feinblättrig aufschneiden und mit etwas Zitronensaft beträufeln; die Petersilie waschen und fein hacken; die Butter in einer Pfanne erhitzen und die Champignons darin anbraten; salzen, pfeffern und zuletzt die Petersilie unterrühren; das Backrohr auf 250 Grad vorheizen.

Zubereitung
Die Champignons in einer Pfanne verteilen; in einer Pfanne etwas Butter erhitzen und zwei Spiegeleier bereiten; die Spiegeleier auf die Champignons legen, mit Käse bestreuen und mit Salz und Pfeffer würzen; anschließend im vorgeheizten Backrohr kurz überbacken, bis der Käse geschmolzen ist; vor dem Servieren die überbackenen Spiegeleier mit Schnittlauch bestreuen.

Erdäpfelzwecken

Zutaten für 4 Portionen
600 g mehlige Erdäpfel
ca. 150 g glattes Mehl
1 Ei
1 Dotter
1 EL Butter
1 Prise Salz

200 g durchzogener Speck
1 Zwiebel
etwas Salz
frisch gemahlener Pfeffer

geriebener Parmesan und
Petersilie zum Bestreuen

Vorbereitung
Die Erdäpfel kochen, schälen und durch die Erdäpfelpresse drücken; mit Mehl nach Bedarf, Ei, Dotter, Butter und Salz zu einem nicht zu festen Teig verarbeiten; den Teig mit einem Tuch zugedeckt 20 Minuten rasten lassen; ist der Teig dann noch zu weich, etwas Mehl einarbeiten, ist er zu fest, ein Stückchen Butter einkneten; die Schwarte vom Speck trennen; den Speck kleinwürfelig schneiden; die Zwiebel schälen und fein hacken.

Zubereitung
Den Teig auf einer bemehlten Arbeitsfläche zu einer dünnen Rolle formen; danach mit dem Messerrücken 2 cm lange Stücke abschneiden; diese „Teigzwecken" in reichlich Salzwasser ca. 10 Minuten kochen; danach in ein Sieb leeren, mit kaltem Wasser abspülen und abtropfen lassen; den Speck in einer großen Pfanne glasig anrösten; die Zwiebel beifügen und anlaufen lassen; die Zwecken dazugeben, mit Salz und Pfeffer würzen; die Erdäpfelzwecken nochmals kurz durchrösten, heiß anrichten und mit Parmesan und Petersilie bestreuen.

Specknockerln *nach Großmutters Art*

Zutaten für 4 Portionen
300 g glattes Mehl
3 Eier
5 g Salz
etwas Milch nach Bedarf
1 Bund Petersilie
2 EL Öl
2 Semmeln vom Vortag
100 g durchzogener Speck, aufgeschnitten
1 mittlere Zwiebel

Petersilie zum Bestreuen
Salz und Pfeffer zum Würzen

Vorbereitung
Das Backrohr auf 120 Grad vorheizen; das Mehl sieben; die Eier mit dem Salz und etwas Milch versprudeln, mit dem Mehl vermengen und zu einem glatten, weichen Teig verrühren; in einem passenden Topf genügend Salzwasser zum Kochen bringen; den Teig durch ein Nockerlsieb drücken; die Nockerln solange darin kochen, bis sie obenauf schwimmen; danach in ein Sieb leeren; mit kaltem Wasser abschrecken, gut abtropfen lassen und in einem geschlossenen Topf im vorgeheizten Backrohr warm halten.

Zubereitung
Die Petersilie waschen und fein hacken; den Speck und die Zwiebel in Streifen schneiden; die Semmeln in sehr kleine Würfel schneiden; das Öl in einer Pfanne erhitzen und darin Speckstreifen, Zwiebelstreifen und Semmelwürfel hell rösten; die Petersilie beifügen und kurz durchrösten; die Nockerln anrichten und das Speck-Semmelgemisch darauf geben; vor dem Servieren die Specknockerln mit Petersilie bestreuen; falls erforderlich mit Salz und Pfeffer würzen.

Speck-Erdäpfel

Zutaten
600 g festkochende Erdäpfel
120 g durchzogener Hamburger Speck
1 mittlere Zwiebel
1 Knoblauchzehe
1 Prise Kümmel, ganz
Salz und Pfeffer
1 Prise Muskatnuss, gemahlen

Petersilie zum Garnieren

Vorbereitung
Die Erdäpfel gründlich waschen, und weich dämpfen; in der Schale erkalten lassen; den Speck von der Schwarte trennen und in feine Streifchen schneiden; die Zwiebel schälen und fein schneiden; den Knoblauch schälen und zerdrücken.

Zubereitung
Die Erdäpfel schälen und in kleine Scheiben schneiden; den Speck in einer geräumigen Pfanne auslassen und die Zwiebel darin goldgelb anrösten; sodann die Erdäpfel beifügen, mit Salz, Pfeffer, Kümmel, Knoblauch und Muskatnuss würzen und alles zusammen zu schöner Farbe rösten; die Speck-Erdäpfel gehäuft anrichten; vor dem Servieren mit Petersilie bestreuen.

ERGIBT 2 PORTIONEN

Topfenfleckerln

Zutaten
600 g glattes Mehl
4 Eier
etwas Salz
etwas Wasser
100 g Räucherspeck
4 EL Butterschmalz
400 g grober Topfen
1/4 l Sauerrahm

ERGIBT 4 PORTIONEN

Vorbereitung

Aus Mehl, Eiern, Salz und etwas Wasser einen festeren Teig kneten; den Teig in ein bemehltes Tuch einschlagen und 1/2 Stunde rasten lassen; danach auf einer bemehlten Arbeitsfläche sehr dünn ausrollen und kleine Fleckerln zupfen; die Fleckerln auf der Arbeitsfläche verteilen und gut abtrocknen lassen; den Speck von der Schwarte trennen und in kleine Würfel schneiden; die Speckwürfel in einer geeigneten Pfanne auslassen; das Fett abgießen und bereithalten; die Speckwürfel ebenso bereithalten.

Zubereitung

Die Fleckerln in Salzwasser 3 - 5 Minuten lang kochen; danach abseihen und abschrecken; das Butterschmalz mit dem bereitgehaltenen Fett vermengen und erhitzen; die Fleckerln darin schwenken und gut erwärmen; den Topfen auf die Fleckerln verteilen und den Sauerrahm darüber gießen.

Die Topfenfleckerln vor dem Servieren mit den bereitgehaltenen Speckwürfeln bestreuen.

Nockerlpfanne *mit Sardellenfilets*

Zutaten für 4 Portionen

Teig
300 g glattes Mehl
2 Eier, 1/4 l Milch
60 g Butter, etwas Salz

Sauce
2 Tomaten, 1 Zwiebel
2 Knoblauchzehen
4 Sardellenfilets
16 Stück grüne und schwarze Oliven, ohne Kern
3 EL Olivenöl
etwas Salz und Pfeffer
1 EL gehacktes Basilikum

frisches Basilikum zum Bestreuen

Vorbereitung

Die Butter auf Handwärme bringen, flaumig rühren und mit Eiern, Mehl, Milch und Salz so lange abschlagen, bis sich der Teig vom Kochlöffel löst; danach mit Hilfe eines Löffels Nockerln ausstechen; die Nockerln in kochendes Salzwasser einlegen und ca. 10 Minuten kochen; sodann abseihen, mit kaltem Wasser abschrecken und abtropfen lassen; die Tomaten vom Strunk befreien, einritzen, kurz in kochendes Wasser tauchen, die Haut abziehen und das Fruchtfleisch in Würfel schneiden; die Zwiebel und den Knoblauch schälen und fein hacken bzw. pressen; die Sardellenfilets fein hacken; die Oliven in dickere Ringe schneiden.

Zubereitung

In einer großen, flachen Pfanne Olivenöl erhitzen und die Zwiebel darin glasig anlaufen lassen; die Nockerln beifügen; mit Knoblauch, Salz und Pfeffer würzen und durchschwenken; die Tomatenwürfel, Sardellenfilets und Oliven beifügen; zuletzt Basilikum beimengen und alles gut erhitzen; vor dem Servieren mit frisch gehacktem Basilikum bestreuen.

Fleischnocken

Zutaten für 4 Portionen
2 gekochte Erdäpfel
100 g durchzogener Selchspeck
1 Zwiebel
300 g faschiertes Rindfleisch
100 g faschierte Kochwurst
2 Eier
100 g glattes Mehl
Salz und Pfeffer
1/2 Bund Petersilie

Butterschmalz zum Braten
Schnittlauch zum Bestreuen

Zubereitung
Die Erdäpfel reiben; den Speck von der Schwarte trennen und kleinwürfelig schneiden; die Zwiebel schälen und ebenfalls kleinwürfelig schneiden; in einer geeigneten Pfanne den Speck anrösten; die Zwiebel beifügen und mitrösten; das Faschierte und die Wurst zugeben und ebenfalls mitrösten; danach alles mit den geriebenen Erdäpfeln, den Eiern und dem Mehl zu einem festeren Teig verarbeiten; die Petersilie waschen und fein hacken; den Teig mit Salz, Pfeffer und Petersilie würzen; mit einem Löffel große Nocken ausstechen und in Salzwasser kochen; die Fleischnocken abseihen, gut abtropfen lassen und in Butterschmalz abbraten; vor dem Servieren die Fleischnocken mit Schittlauch bestreuen.

Tipp
Die Fleischnocken können auch in der Kochsuppe (mit Salz und Suppenwürfel gewürzt), mit Schnittlauch bestreut, serviert werden.

Kasnocken *mit Graukäse*

Zutaten
4 große Erdäpfel
250 g Graukäse
250 g Weizenmehl
etwas Salz

Butterschmalz zum Braten

Zubereitung
Die Erdäpfel weich dämpfen und noch warm durch die Presse drücken; den Graukäse je nach Reifestadium zerbröseln oder reiben; die gepressten Erdäpfel, den Graukäse und das Mehl zu einem mittelfesten Teig vermischen; dabei den Teig leicht salzen; aus dieser Masse Nocken (wie flach gedrückte Knödel) formen; in einer geeigneten Pfanne das Butterschmalz erhitzen und die Kasnocken darin unter Wenden braten, bis sie schön goldgelb sind.
Die Kasnocken sind ein traditionelles, alpenländisches Gericht und werden mit Milch als Getränk serviert.

Graukäse ist ein Sauermilchkäse aus Tirol. Er wird aus magerer Kuhmilch hergestellt.

ERGIBT 4 - 6 PORTIONEN

Krautfleckerln

Zutaten
1/2 Kopf Weißkraut
1 große Zwiebel
80 g Selchspeck
1 EL Staubzucker
500 g Fleckerln
Salz und Pfeffer
1 EL Essig
etwas Kümmel, ganz
1 Prise Paprikapulver
etwas Suppe

Petersilie zum Bestreuen

Vorbereitung
Das Weißkraut waschen und die äußeren Blätter entfernen; danach das Kraut vom Strunk befreien, feinnudelig schneiden und salzen; die Zwiebel schälen und hacken; den Speck klein schneiden und anschwitzen; den Staubzucker beifügen und weiterrösten, bis der Zucker eine bräunliche Farbe angenommen hat; die Fleckerln in reichlich Salzwasser bissfest kochen; danach abschrecken, abseihen und bereithalten.

Zubereitung
Die Zwiebel zum Speck in die Pfanne geben und alles gemeinsam durchrösten; danach mit Essig ablöschen; das Kraut und die Gewürze zugeben und im eigenen Saft weich garen; dabei öfters umrühren; das Kraut nimmt eine bräunliche Farbe an; falls erforderlich etwas Suppe zugießen; zuletzt die Fleckerln zugeben, alles durchmischen und kurze Zeit durchrösten; vor dem Servieren mit Petersilie bestreuen.

ERGIBT 4 PORTIONEN

Kräuternockerln

Zutaten
700 g mehlige Erdäpfel
2 Dotter
1 EL Butter
Salz und Pfeffer
1 Prise Muskatnuss, gemahlen
je 1 Bund Petersilie und Schnittlauch
etwas Majoran
60 g geriebener Parmesan
120 g Hamburger Speck

Butter zum Backen

Vorbereitung

Petersilie und Schnittlauch waschen und fein hacken; den Speck von der Schwarte trennen und in feine Streifen schneiden; die Erdäpfel waschen und weich dämpfen; kurz überkühlen lassen, schälen und noch heiß durch die Erdäpfelpresse drücken.

Zubereitung

Die Erdäpfel mit Dottern, Butter, Petersilie, Schnittlauch, Parmesan, Majoran, Muskatnuss, Salz und Pfeffer gut vermengen und zu einem weicheren Teig verarbeiten; mit Hilfe von zwei Esslöffeln Nockerln ausstechen und in erhitzter Butter beidseitig zu schöner Farbe rösten; den Speck knusprig rösten; die Nockerln auf Küchenpapier abtropfen lassen; danach anrichten und mit den Speckstreifen samt Fett servieren.

ERGIBT 4 PORTIONEN

Putenbruststreifen

mit Mandeln

Zutaten
1 Putenbrust (ca. 600 g)
Salz, weißer Pfeffer
1 TL Currypulver
1 EL Sojasauce
1 große, weiße Zwiebel
1 Bund Petersilie
1 rote Paprikaschote
1 grüne Paprikaschote
3 Knoblauchzehen
1/8 l trockener Sherry
1 TL Speisestärke
3 EL Öl
50 g Mandelblättchen

Vorbereitung
Die Zwiebel schälen, halbieren und in breitere Streifen schneiden; Paprikaschoten waschen, halbieren, die inneren, weißen Häutchen und die Kerne entfernen; die Schoten in 1/2 cm breite Streifen schneiden; das Fleisch in 6 - 8 cm lange Streifen schneiden (oberes Bild); die Petersilie waschen und fein hacken; die Knoblauchzehen schälen und durch die Presse drücken; das Fleisch mit Salz, weißem Pfeffer, Currypulver und Sojasauce würzen.

Zubereitung
Das Öl in einer geräumigen Pfanne erhitzen; das Putenfleisch einlegen und an allen Seiten goldbraun anbraten; danach aus der Pfanne nehmen und warm stellen; im Bratrückstand die Zwiebel und den Knoblauch anrösten; die Paprikastreifen beigeben und ebenfalls durchrösten; mit Sherry aufgießen, mit Speisestärke stauben und alles verkochen lassen; das Fleisch zum Zwiebel-Paprikagemisch geben (unteres Bild); die Petersilie beifügen und alles bei geringer Hitze kurz erwärmen; zuletzt die Mandelblättchen beigeben; als Beilage passt locker gedünsteter Reis.

ERGIBT 4 PORTIONEN

Gemüsegröstel

Zutaten

2 Melanzane (à 200 g)
2 Zucchini (à 200 g)
3 mittlere Zwiebeln
4 Knoblauchzehen
120 g durchzogener Speck
1 rote Paprikaschote
1 grüne Paprikaschote
1 Pfefferoni
300 g Paradeiser
1 Prise Oregano
Salz und Pfeffer
2 EL Öl
Essig zum Ablöschen
Rindsuppe zum Aufgießen

Vorbereitung

Den Speck von der Schwarte trennen und in kleine Würfel schneiden; die Zwiebeln schälen und in größere Würfel schneiden; den Knoblauch schälen und in Scheibchen schneiden; die Paradeiser kurz in kochendes Wasser tauchen, schälen und in gefällige Stücke schneiden; die Zucchini und die Melanzane waschen, den Stielansatz entfernen und in größere Würfel schneiden; die Paprikaschoten waschen, halbieren, entkernen und in schmale Streifen schneiden; den Pfefferoni waschen, entkernen und in Ringe schneiden.

Zubereitung

Das Öl erhitzen und die Speckwürfel darin glasig anrösten; die Zwiebeln und den Knoblauch beifügen, etwas mitrösten und mit Essig ablöschen; danach Paprikaschoten, Pfefferoni, Melanzane- und Zucchiniwürfel zugeben; mit Salz, Pfeffer und Oregano würzen; zuletzt die Paradeiswürfel beimengen und möglichst im eigenen Saft nicht zu weich dünsten; falls erforderlich, mit etwas Rindsuppe aufgießen.

ERGIBT 4 PORTIONEN

Eierschwammerl-Gröstel

Zutaten
300 g Eierschwammerln
2 EL Öl
80 g durchzogener Speck
1 mittlere Zwiebel
etwas Salz
frisch gemahlener Pfeffer

Petersilblättchen zum Garnieren

Vorbereitung
Die Eierschwammerln sorgfältig putzen, waschen und zum Abtropfen in ein Sieb geben; je nach Größe entweder vierteln, halbieren oder ganz lassen; den Speck von der Schwarte trennen und in Streifen schneiden; die Zwiebel schälen und in größere Würfel schneiden.

Zubereitung
Das Öl in einer Pfanne erhitzen und die Speckstreifen darin glasig anrösten; die Zwiebel zugeben, und gut durchrösten; danach die Eierschwammerln beifügen; mit Salz und Pfeffer würzen; alles gut durchrösten, bis der eigene Saft fast verdampft ist; zugedeckt bei geringer Hitze noch einige Minuten dünsten lassen; vor dem Servieren mit Petersilblättchen garnieren.

ERGIBT 4 PORTIONEN

Fleisch-Nockerlgröstel

Zutaten
Nockerlteig
300 g glattes Mehl
1 EL Öl, 1 Ei
1 Prise Salz
etwas Wasser

400 g zugeputzte Schweinsschulter
Salz und Pfeffer
1/2 EL Paprikapulver, scharf
1 TL Kümmel
3 - 4 Knoblauchzehen
1 große Zwiebel
3 EL Öl
1/2 Bund Petersilie
Bratensaft oder Rindsuppe zum Aufgießen

gehackte Petersilie zum Bestreuen

Vorbereitung

Aus gesiebtem Mehl, Öl, Ei, Salz und lauwarmem Wasser einen festeren Teig bereiten; den Teig in Klarsichtfolie wickeln und 30 Minuten rasten lassen; die Zwiebel schälen und grob hacken; die Petersilie waschen und fein hacken; die Knoblauchzehen schälen; das Schweinefleisch in etwa 5 cm lange, dünne Streifen schneiden und mit Salz, Pfeffer und Kümmel würzen (oberes Bild).

Zubereitung

Das Öl in einer geräumigen Pfanne erhitzen; die Zwiebel kurz darin anschwitzen; Fleisch, Petersilie, Paprikapulver und Knoblauch beifügen (unteres Bild); alles so lange durchrösten, bis sich das Fleisch steif anfühlt; danach mit etwas Bratensaft oder Rindsuppe aufgießen und zugedeckt weich dünsten lassen; in einem großen Topf reichlich Salzwasser zum Kochen bringen; mit den Händen aus dem Teig kleine Nockerln zupfen; die Nockerln etwa 20 Minuten köcheln lassen; danach abseihen, kurz mit lauwarmem Wasser durchspülen und in einem Sieb abtropfen lassen; zuletzt die Nockerln zum Fleisch geben und alles nochmals durchrösten; vor dem Servieren mit Petersilie bestreuen; dazu passt frischer Salat.

ERGIBT 4 PORTIONEN

Überbackene Fleckerln

mit Faschiertem

Zutaten
500 g gemischtes Faschiertes
2 große Zwiebeln
3 Knoblauchzehen
Salz und Pfeffer
4 EL Öl
1 TL Majoran
500 g Fleckerln
120 g Gruyère, gerieben

Fett für die Kasserolle
Schnittlauch zum Bestreuen

Vorbereitung
Die Zwiebeln schälen und feinst hacken; den Knoblauch schälen und in feine Scheibchen schneiden; in einem geräumigen Topf reichlich Salzwasser zum Kochen bringen und darin die Fleckerln nicht zu weich kochen; danach abseihen, kalt abspülen und beiseite stellen; das Backrohr auf 220 Grad vorheizen.

Zubereitung
Das Öl in einer Kasserolle gut erhitzen und darin die Zwiebeln goldgelb rösten; das Faschierte zugeben und mit Salz, Pfeffer, Majoran und Knoblauch würzen; alles zusammen weich dünsten; danach die Fleischmasse mit den gekochten Fleckerln vermengen, in eine befettete Kasserolle geben und mit dem Gruyère überstreuen; im vorgeheizten Backrohr so lange backen, bis der Käse eine schöne braune Farbe angenommen hat; vor dem Servieren mit Schnittlauch bestreuen.

ERGIBT 4 PORTIONEN

Schupfnudeln

Zutaten
400 g Erdäpfel
1 Ei
1 EL Weizengrieß
150 g Mehl, griffig
etwas Salz
Milch nach Bedarf

Butter zum Braten
geriebener Hartkäse zum Bestreuen

Zubereitung
Die Erdäpfel in der Schale dämpfen; schälen und noch warm durch die Presse drücken; danach mit Ei, Grieß, Mehl und Salz sowie etwas Milch einen festen Erdäpfelteig kneten; aus dem Teig längliche Nudeln formen; die Nudeln in kochendes Salzwasser geben („schupfen") und kurz kochen lassen; mit einem gelochten Löffel vorsichtig herausheben und abtropfen lassen; in einer geeigneten Pfanne die Butter erhitzen und die Schupfnudeln darin abbraten; vor dem Servieren die Schupfnudeln mit geriebenem Käse bestreuen.

ERGIBT 4 PORTIONEN

Krautspätzle

Zutaten für 4 Portionen

Spätzle

500 g Mehl, 1 Ei
ca. 1/4 l Wasser
2 TL Salz
1 EL Schweineschmalz
zum Rösten

500 g Sauerkraut
1 EL Schweineschmalz
1 Zwiebel
etwas Pfeffer
etwas Kümmel, ganz
etwas Suppe

Petersilie zum Bestreuen

Vorbereitung

Aus Mehl, Ei, Salz und Wasser einen festeren Teig bereiten und so lange schlagen, bis der Teig glatt ist und Blasen wirft; von einem befeuchteten Spätzlebrett mit einem Messer oder Spätzleschaber schmale Streifen ins kochende Salzwasser schaben; der Teig und der Schaber müssen dazwischen immer wieder mit dem Kochwasser angefeuchtet werden; sobald die Spätzle an die Wasseroberfläche kommen, herausheben, mit kaltem Wasser abschrecken und in lauwarmes Wasser geben; die Spätzle in mehreren Portionen kochen.

Zubereitung

Die Zwiebel schälen und fein schneiden; im Schmalz anschwitzen; das Sauerkraut einige Male durchschneiden und zur Zwiebel geben; mit Pfeffer und Kümmel würzen; mit etwas Suppe aufgießen und so lange dünsten, bis die Flüssigkeit verdampft ist; die Spätzle abseihen und abtropfen lassen; Schmalz in einer Pfanne erhitzen und darin die Spätzle anrösten; zuletzt die Spätzle über das Sauerkraut geben und kurz mischen; vor dem Servieren mit Petersilie bestreuen.

Blunzengröstel

Zutaten
500 g Blutwurst
500 g Kartoffeln
1 Zwiebel
2 Knoblauchzehen
1/2 Bund Petersilie
1 EL Butterschmalz
Salz und Pfeffer
etwas Majoran

Vorbereitung
Die Kartoffeln im Dampf garen, schälen, auskühlen lassen und dann blättrig schneiden; die Blutwurst schälen und in Scheiben schneiden; die Zwiebel schälen und in kleine Würfel schneiden; den Knoblauch schälen und fein hacken; die Petersilie waschen und hacken.

Zubereitung
Das Butterschmalz in einer geeigneten Pfanne erhitzen und darin die Zwiebel glasig anrösten; den Knoblauch zugeben und kurz anschwitzen lassen; die Blutwurst zugeben, kurze Zeit durchrühren und dann die geschnittenen Kartoffeln beifügen; alles gut vermengen und einige Minuten anbraten lassen, damit sich eine Röstkruste bildet; mit Salz, Pfeffer und Majoran würzen und mit Petersilie bestreut servieren.

ERGIBT 4 PORTIONEN

Schweinefleischgröstel

Zutaten für 4 Portionen
600 g magere Schweinsschulter
1 grüne Paprikaschote
1 rote Paprikaschote
3 EL Öl
1 mittlere Zwiebel
4 Knoblauchzehen
etwas Salz
frisch gemahlener Pfeffer
etwas gemahlener Kümmel
1 kleine Dose Zuckermais
1/2 Bund Petersilie
etwas Worcestersauce
Tabascosauce nach Geschmack

Vorbereitung
Das Fleisch 20 Minuten lang im Tiefkühlfach anfrieren lassen; danach in dünne Schnitzel und diese wiederum in feine Streifen schneiden; mit Salz, Pfeffer, zwei zerdrückten Knoblauchzehen und etwas Kümmel würzen; Paprikaschoten waschen, halbieren und ausputzen; die Schoten in Streifen schneiden; die Zwiebel schälen und fein hacken; den Mais in einem Sieb gut abtropfen lassen; Petersilie waschen und hacken; den restlichen Knoblauch schälen und in feine Scheibchen schneiden.

Zubereitung
Das Öl in einer Pfanne erhitzen; das Fleisch darin schwenken und anbraten; danach aus der Pfanne nehmen und bereithalten; im Bratrückstand die Zwiebel glasig anrösten; die Paprikastreifen beifügen und unter ständigem Rühren kurz mitrösten; das Fleisch und den Knoblauch zugeben und alles kurz weich dünsten; den Zuckermais und die Petersilie einmengen und nochmals einige Minuten garen lassen; zuletzt das Gericht mit Worcestersauce und Tabascosauce würzen.

Erdäpfel-Zwiebelnockerln

Zutaten für 4 Portionen

Teig

300 g mehlige Erdäpfel
150 g griffiges Mehl
50 g Weizengrieß
1 Ei
50 g Butter
etwas Salz
gemahlene Muskatnuss
1/2 Bund Petersilie

3 große Zwiebeln
4 EL Öl
Salz und Pfeffer

Petersilie zum Bestreuen

Vorbereitung

Die Petersilie waschen und fein hacken; die Erdäpfel in der Schale weich kochen, schälen und noch heiß durch die Erdäpfelpresse drücken; mit Mehl, Grieß, Ei, weicher Butter, gehackter Petersilie, Salz und Muskatnuss vermengen und zu einem glatten Teig verarbeiten; die Zwiebeln schälen und in grobe Streifen schneiden.

Zubereitung

Mit Hilfe eines Esslöffels aus dem Erdäpfelteig Nockerln ausstechen und in kochendes Salzwasser einlegen; ca. 10 Minuten kochen lassen; danach abseihen, mit kaltem Wasser abschrecken und in einem Sieb abtropfen lassen; in einer Pfanne das Öl erhitzen, die Zwiebeln darin goldgelb anrösten und die Nockerln zugeben; mit Salz und Pfeffer würzen und in der Pfanne so lange schwenken, bis sie etwas Farbe angenommen haben; vor dem Servieren die Nockerln mit Petersilie bestreuen.

Fleischgröstel *mit Erdäpfeln*

Zutaten
250 g gekochtes oder gebratenes Schweinefleisch
3 EL Öl
Salz und Pfeffer
etwas Majoran und Kümmel
1 EL gehackte Sellerieblätter
2 Knoblauchzehen
1 mittlere Zwiebel
500 g mehlige Erdäpfel
1/4 l Sauerrahm
1 Ei
Semmelbrösel zum Bestreuen
Butter und Semmelbrösel für die Form

Vorbereitung
Das Fleisch fein schneiden; die Zwiebel schälen und fein hacken; den Knoblauch schälen und zerdrücken; das Fleisch mit Salz, Pfeffer, Knoblauch, Selleriegrün, Kümmel und Majoran würzen; das Backrohr auf 190 Grad vorheizen; eine passende Form mit Butter ausstreichen und mit Bröseln ausstreuen; die Erdäpfel schälen und die halbe Menge in dünne Scheiben schneiden; den Boden und Rand der Form mit Erdäpfeln auslegen.

Zubereitung
Öl in einer geräumigen Pfanne erhitzen; das Fleisch und die Zwiebel darin anrösten; danach abkühlen lassen; die restlichen Erdäpfel in kleine Würfel schneiden; das Ei mit Sauerrahm glatt versprudeln und zusammen mit den Erdäpfeln unter das Fleisch mengen; die Masse in die Form geben und mit Semmelbröseln bestreuen; im vorgeheizten Backrohr etwa 1 Stunde lang überbacken; das Gröstel in der Pfanne zu Tisch bringen; Portionen aus der Pfanne stechen und servieren.

ERGIBT 4 PORTIONEN

Zwiebelfleisch *mit grünen Pfefferkörnern*

Zutaten
500 g faschiertes Rindfleisch
2 Zwiebeln
80 g durchwachsener Speck
2 Knoblauchzehen
je 1 rote und grüne Paprikaschote
3 Essiggurkerln
3 EL Öl
etwas Salz
frisch gemahlener Pfeffer
etwas Paradeismark
1 EL grüne Pfefferkörner
etwas Rindsuppe oder Bratensaft zum Aufgießen

Vorbereitung
Die Zwiebeln schälen und in Scheiben schneiden; den Speck von der Schwarte trennen und in kleine Würfel schneiden; die Paprikaschoten waschen, halbieren, ausputzen und in Streifen schneiden; die Gurkerln in Scheiben schneiden; den Knoblauch schälen und zerdrücken.

Zubereitung
Das Öl in einer geräumigen Pfanne erhitzen, Zwiebel, Speck und Fleisch beifügen und unter ständigem Rühren bei starker Hitze rösten lassen; mit Salz, Pfeffer, Paradeismark und Knoblauch würzen; die Paprikastreifen beifügen und die Hitze reduzieren; mit Suppe oder Bratensaft aufgießen; alles ca. 1/2 Stunde rösten lassen; bei Bedarf zwischendurch mit Bratensaft oder Suppe aufgießen; die grünen Pfefferkörner und die Essiggurkerln erst einige Minuten vor dem Servieren beifügen.

ERGIBT 4 PORTIONEN

Schwammerln mit Ei

Zutaten
500 g Eierschwammerln
1 mittlere Zwiebel
6 Eier
3 EL Obers
etwas Salz
frisch gemahlener Pfeffer
2 EL Olivenöl

1/2 Bund Petersilie

Vorbereitung
Die Eierschwammerln putzen, kurz waschen und in feine Streifen schneiden; die Zwiebel schälen und fein hacken; die Petersilie waschen und fein hacken.

Zubereitung
Das Öl in einer geräumigen Pfanne erhitzen und die Zwiebel darin glasig anrösten; die Schwammerln beifügen und bei starker Hitze rasch rösten; die Eier mit Obers, Salz und Pfeffer gut verrühren; 2/3 der Petersilie beifügen; das Eier-Obersgemisch zu den Schwammerln geben; die Pfanne von der Kochstelle nehmen und die Eier stocken lassen; vor dem Servieren mit der Petersilie bestreuen.

ERGIBT 4 PORTIONEN

Putengröstel *mit Bohnensprossen*

Zutaten
500 g Putenbrust
2 EL Sojasauce
2 EL Reiswein
1 Eiklar
4 EL Öl
Salz und Pfeffer
150 g Bohnensprossen
2 Karotten
1 Zucchini
je 1 rote und 1 grüne Paprikaschote
2 Zwiebeln
1 Knoblauchzehe

Vorbereitung
Das Fleisch kalt abspülen, trockentupfen und in kleine Streifen schneiden; Sojasauce mit Reiswein, Eiklar, 2 EL Öl, Salz und Pfeffer verrühren; das Putenfleisch darin 15 Minuten marinieren lassen; die Bohnensprossen abspülen und abtropfen lassen; Karotten waschen, schälen und in feine Streifen schneiden; Zucchini putzen, waschen und in kleine Stücke schneiden; Paprikaschoten putzen, waschen und in Streifen schneiden; Zwiebel und Knoblauch schälen und in kleine Würfel schneiden.

Zubereitung
2 EL Öl in einem Wok oder in einer beschichteten Pfanne erhitzen; das Fleisch darin unter häufigem Wenden anbraten; Gemüse, Zwiebeln und Knoblauch beifügen und alles in ca. 4 Minuten fertig braten; zur Putenpfanne schmeckt locker gegarter Reis.

ERGIBT 4 PORTIONEN

Spätzlegröstel *mit Speck und Eiern*

Zutaten
200 g glattes Mehl
1 Ei, Wasser nach Bedarf
1 Prise Salz
1 EL Öl
2 Zwiebeln
140 g durchzogener Speck
50 g Butter
1/2 Bund Petersilie
Salz und Pfeffer
8 Eier

scharfes Paprikapulver
zum Bestreuen

Vorbereitung
Aus gesiebtem Mehl, Ei, Öl, Salz und kaltem Wasser nach Bedarf rasch einen festen, glatten Teig bereiten; den Teig etwa 20 Minuten rasten lassen; in einem geeigneten Topf reichlich Salzwasser zum Kochen bringen; von einem befeuchteten Brett, vom Teig kleine Spätzle gleich direkt in das kochende Wasser schaben; die Spätzle 6 - 8 Minuten lang kochen lassen; danach in ein Sieb leeren und mit kaltem Wasser abschrecken.

Zubereitung
Die Zwiebeln schälen und in feine Streifen schneiden; die Petersilie waschen und fein hacken; den Speck von der Schwarte trennen und in feine Streifen schneiden; in einer geräumigen Pfanne die Butter erhitzen und die Zwiebel- und Speckstreifen darin anbraten; die Spätzle ebenfalls anrösten lassen; mit Salz und Pfeffer würzen; die Eier darüber schlagen und unter Rühren nur stocken lassen; die Petersilie beifügen und zuletzt alles mit Paprikapulver bestreuen.

ERGIBT 4 PORTIONEN

Dinkel-Spätzle *mit Eiern*

Zutaten
250 g frisch gemahlener Dinkelweizen
3 Eier, 1 TL Salz, 1 EL Öl
etwas mehr als 1/8 l Milch
100 g Westfäler Schinken
100 g Hamburger Speck
1 mittlere Zwiebel
50 g Butterschmalz
1 Bund Petersilie
8 Eier
Schnittlauch zum Bestreuen

ERGIBT 4 PORTIONEN

Vorbereitung
Die Eier mit Salz, Öl und Milch versprudeln; das Mehl in einen Weitling geben und das Eiergemisch darüber gießen; nur ganz kurz einarbeiten, dass ein nicht zu glatter Teig entsteht; den Teig 1/2 Stunde rasten lassen; den Schinken in feine Streifen schneiden; den Speck von der Schwarte trennen und ebenfalls in feine Streifen schneiden; die Zwiebel schälen und fein hacken; die Petersilie waschen und fein hacken; in einem großen Topf 3 - 4 l Salzwasser zum Kochen bringen.

Zubereitung
Falls erforderlich in den Teig noch etwas Milch einarbeiten; sodann den Teig durch eine Spätzlereibe in das siedende Wasser drücken; die Spätzle 3 - 5 Minuten kochen lassen, bis alle an der Oberfläche schwimmen; danach in ein Sieb leeren, mit kaltem Wasser abschrecken und abtropfen lassen; in einer geräumigen Pfanne Butterschmalz erhitzen; Zwiebel, Speck und Schinken darin anrösten; danach die Spätzle und Petersilie beifügen und mitrösten; zuletzt die Eier darüber schlagen, kurz verrühren und stocken lassen; vor dem Servieren das Gericht mit Schnittlauch bestreuen.

Geröstete Austernpilze

mit Spiegeleiern

Zutaten
120 g durchzogener Speck
2 mittlere Zwiebeln
750 g frische Austernpilze
Salz und Pfeffer
1/2 TL Kümmel
etwas Majoran
1/2 Bund Petersilie
etwas Rindsuppe
30 g glattes Mehl
1/8 l Sauerrahm
4 Spiegeleier

Petersilie zum Bestreuen

ERGIBT 4 PORTIONEN

Vorbereitung
Den Speck von der Schwarte trennen und in größere Würfel schneiden; die Zwiebeln schälen und in Scheiben schneiden; die Austernpilze putzen, waschen und blättrig schneiden; die Petersilie waschen und fein hacken.

Zubereitung
In einer geeigneten Kasserolle die Speckwürfel auslassen und etwas anrösten; die Zwiebeln zugeben und mitrösten lassen; die Austernpilze beifügen und mit Kümmel, Majoran, Petersilie, Salz und Pfeffer würzen; falls erforderlich, etwas Rindsuppe beigeben; das Mehl mit dem Sauerrahm glatt versprudeln und unter die Pilze rühren; einmal aufkochen lassen und dann von der Kochstelle nehmen; die Austernpilze mit den Spiegeleiern anrichten; vor dem Servieren mit gehackter Petersilie bestreuen.

Gestürzte Kartoffeln

Zutaten
1 kg speckige Kartoffeln (Sieglinde)
2 mittlere Zwiebeln
70 g Butter
1 Bund Petersilie
etwas Salz
frisch gemahlener Pfeffer

Fett und Semmelbrösel für die Förmchen
Petersilie zum Garnieren

Vorbereitung
Die Kartoffeln waschen und ungeschält in genügend Salzwasser weich kochen; noch heiß schälen und feinblättrig schneiden; die Petersilie waschen und fein hacken; die Zwiebeln schälen und fein schneiden; das Backrohr auf 180 Grad vorheizen.

Zubereitung
Die Butter gut erhitzen und darin die Zwiebeln hell anlaufen lassen; danach die Kartoffeln beifügen und unter öfterem Wenden zu goldgelber Farbe rösten; salzen, pfeffern und die Petersilie untermengen; den Kartoffelschmarren überkühlen lassen; geeignete Förmchen ausfetten und mit den Semmelbröseln ausstreuen; den Schmarren einfüllen, fest andrücken und im Backrohr 15 - 20 Minuten zu goldbrauner Farbe backen; danach aus der Form stürzen und vor dem Servieren mit Petersilie garnieren.

ERGIBT 6 PORTIONEN

Gemüsepaella

Zutaten
400 g Langkornreis, gegart
3 rote Paprikaschoten
200 g Champignons
2 Zwiebeln
2 EL Olivenöl
1 Stange Lauch
1 Pkg. Erbsen (TK-Ware)
2 Knoblauchzehen
1/4 l Wasser
1 Gemüsesuppenwürfel
1 Briefchen Safranfäden
1/16 l Obers

Vorbereitung
Die Paprikaschoten waschen und in Streifen schneiden; die Champignons putzen, waschen und in dünne Scheiben schneiden; die Zwiebeln schälen und würfelig schneiden; den Lauch putzen, waschen und in Ringe schneiden; den Knoblauch schälen und zerdrücken.

Zubereitung
In einer geeigneten Pfanne das Öl erhitzen und die Zwiebeln darin glasig anrösten; Lauchringe, Paprikastreifen, Erbsen, Knoblauch und Champignons beifügen; mit 1/4 l Wasser aufgießen und mit dem Suppenwürfel und Safran würzen; alles ca. 15 Minuten garen lassen; danach den Reis unter das Gemüse mischen und weitere 5 Minuten ziehen lassen; zuletzt das Obers unterrühren; das Gericht nach Wunsch mit Petersilie bestreuen.

ERGIBT 4 PORTIONEN

Reisfleisch *mit Schweinefleisch und Speck*

Zutaten
600 g Schweinefleisch
(von der Schulter)
150 g Hamburger Speck
4 mittlere Zwiebeln
etwas Essig
1 EL scharfes Paprikapulver
2 grüne und 2 rote Paprikaschoten
1 EL Paradeismark
2 Knoblauchzehen
3 Essiggurkerln
1 TL Kümmel
250 g Langkornreis
1/2 l Rindsuppe
Salz und Pfeffer aus der Mühle

ERGIBT 4 PORTIONEN

Vorbereitung
Die Zwiebeln und den Knoblauch schälen und fein hacken; den Hamburger Speck kleinwürfelig schneiden; Paprikaschoten waschen, halbieren und die Kerne entfernen; danach die Schoten würfelig schneiden; das Schweinefleisch in gefällige Würfel schneiden; die Essiggurkerln in feine Streifen schneiden.

Zubereitung
In einer geeigneten Pfanne den Speck auslassen und glasig anrösten; die Zwiebeln beifügen und mitrösten; mit Paprikapulver würzen und mit Essig ablöschen; Paradeismark, Kümmel, Salz und Pfeffer beigeben; alles kurz durchrösten; danach das Fleisch zugeben und im eigenen Saft ca. 20 Minuten dünsten; zuletzt den Reis, die Paprikawürfel und die Essiggurkerln beifügen, mit der Rindsuppe aufgießen und weitere 20 Minuten fertig dünsten; wenn das Reisfleisch gar ist, soll der Reis trocken und körnig sein.

Rindfleisch im Wok

mit chinesischen Nudeln

Zutaten für 4 Portionen
250 g Rindfleisch, von der Schale oder Beiried
10 g chinesische Pilze (Mu-Err)
etwas Salz
300 g gemischtes Gemüse (Karotten, Lauch, Staudensellerie, Brokkoli)
100 g Sojabohnenkeimlinge
2 EL Öl
1 EL fein gehackte Ingwerwurzel
2 Knoblauchzehen
400 g feine, chinesische, weiße Nudeln

Sauce
1/4 l Hühnersuppe
1 TL Stärkemehl
2 EL Reiswein oder trockener Sherry
2 EL Sojasauce
1 MS Cayennepfeffer

Vorbereitung
Die Pilze in eine kleine Schüssel geben und mit Wasser bedecken; das Fleisch in feine Scheiben schneiden; das Gemüse waschen, putzen und in Streifen schneiden; die Sojabohnenkeimlinge in einem Sieb mit kochendem Wasser überbrühen; 1 EL Öl in einem Wok oder in einer großen Pfanne erhitzen; das Fleisch beifügen und rasch, unter ständigem Wenden, anbraten (oberes Bild); danach das Fleisch herausnehmen und beiseite stellen; den Knoblauch schälen und zerdrücken.

Zubereitung
Das restliche Öl in den Wok geben; Gemüse, Sojabohnenkeimlinge, Pilze, Ingwerwurzel und Knoblauch mit etwas Salz unter Rühren kurz im Wok garen (unteres Bild); das Gemüse soll knackig bleiben; danach aus dem Wok herausnehmen und zum Fleisch geben; reichlich Salzwasser zum Kochen bringen und die Nudeln darin bissfest garen; für die Sauce alle Zutaten gut verrühren, in den Wok geben und unter Rühren zu einer leicht gebundenen Sauce kochen; nach Bedarf noch etwas würzen; Gemüse und Fleisch mit der heißen Sauce mischen und kurz erwärmen; die Nudeln abgießen und in den Wok zu den anderen Zutaten geben.

Tiroler Gröstl

Zutaten
400 g gekochtes, mageres Rindfleisch
1 große Zwiebel
50 g Butter
etwas Salz
frisch gemahlener Pfeffer
etwas Majoran
700 g Erdäpfel (festkochende Sorte)

1/2 Bund Petersilie zum Bestreuen

Vorbereitung

Die Erdäpfel waschen und mit der Schale dämpfen; danach etwas überkühlen lassen, schälen und in Scheiben schneiden; die Zwiebel schälen und in Streifen schneiden; das gekochte Rindfleisch feinblättrig schneiden; die Petersilie waschen und fein hacken.

Zubereitung

Die geschnittene Zwiebel in einer Pfanne in heißem Fett gelb anlaufen lassen; das Rindfleisch hinzufügen, anbraten, salzen und pfeffern; etwas Majoran darüber streuen und bei stärkerer Hitze durchrösten; die Erdäpfelscheiben dazugeben und leicht ankrusten lassen; vor dem Servieren das Gröstl mit Petersilie bestreuen.

ERGIBT 4 PORTIONEN

Jägerkartoffeln

Zutaten
500 g heurige Kartoffeln
150 g mageres Selchfleisch
150 g Perlzwiebeln
(aus dem Glas)
200 g Champignons
3 EL Butter
Salz und Pfeffer
1 Prise Thymian
1/2 Bund Petersilie
2 - 3 EL kräftige Rindsuppe

Vorbereitung
Die Kartoffeln waschen, schälen und in ca. 1/2 cm dicke Scheiben schneiden; das Selchfleisch von der Schwarte lösen und in nicht zu kleine Würfel schneiden; die Champignons waschen, schälen und in nicht zu dünne Scheiben schneiden; die Perlzwiebeln mit kaltem Wasser abspülen und gut abtropfen lassen; die Petersilie waschen und fein hacken.

Zubereitung
Die Butter in einer Pfanne erhitzen und darin die Kartoffelscheiben langsam zu goldgelber Farbe braten; aus der Pfanne nehmen und warm stellen; im Bratrückstand die Zwiebeln und das Selchfleisch anrösten, die Champignons beifügen und mit Salz, Pfeffer und Thymian würzen; danach die Kartoffeln beifügen, etwas Suppe zugießen und bei geringer Hitze so lange dünsten, bis alle Flüssigkeit verdampft ist; vor dem Servieren die Petersilie zufügen.

ERGIBT 4 PORTIONEN

Zwiebel-Spiegeleier

Zutaten
4 Eier
1 große Zwiebel
1 EL Weinessig
2 EL Bratensaft
2 EL Butter
Salz und Pfeffer
4 Scheiben Weißbrot

Vorbereitung
Die Eier sollen bei der Zubereitung Zimmertemperatur haben; die Zwiebel schälen und in feine Ringe schneiden; die Weißbrotscheiben entrinden, mit etwas Butter bestreichen und toasten.

Zubereitung
Die Zwiebel in einer Pfanne mit Butter goldgelb rösten; sodann mit einem Gemisch aus Essig und Bratensaft aufgießen und kurz aufkochen lassen; die Eier behutsam hineinschlagen und bei milder Hitze so lange ziehen lassen, bis das Eiklar stockt - die Dotter aber noch weich sind; die Zwiebel-Spiegeleier mit Salz und Pfeffer würzen und auf den Weißbrotscheiben anrichten.

ERGIBT 2 PORTIONEN

Almrösti *mit Tilsiter Käse*

Zutaten
1 kg mehlige Kartoffeln
1 mittlere Zwiebel
Salz und Pfeffer
etwas Kümmel
60 g Butterschmalz
8 dünne Scheiben Hamburger Speck
4 Scheiben Tilsiter Käse
1 Bund Schnittlauch

Butter und Brösel für die Form
4 dünne Scheiben Hamburger Speck, etwas Öl

Schnittlauch zum Garnieren

Vorbereitung

Das Backrohr auf 150 Grad vorheizen; die Kartoffeln nicht zu weich dämpfen, schälen und im vorgeheizten Backrohr 20 Minuten ausdampfen lassen; danach erkalten lassen und grob reißen; die Zwiebel schälen und fein hacken; das Butterschmalz erhitzen und die Zwiebel darin goldgelb rösten; Kartoffeln, Salz, Pfeffer und Kümmel beifügen und kurz mitrösten lassen; den Schnittlauch waschen und fein schneiden; eine Pfanne mit Butter ausstreichen und mit Bröseln ausstreuen.

Zubereitung

Die Pfanne mit 8 Speck- und 4 Käsescheiben auslegen; die Kartoffelmasse mit Schnittlauch vermengen, in die Pfanne geben und andrücken; im Backrohr bei 210 Grad etwa 15 - 20 Minuten lang backen; 4 Speckscheiben in etwas Öl knusprig braten; das fertige Rösti auf einen Teller stürzen, mit den Speckscheiben belegen und mit Schnittlauch garnieren.

ERGIBT 4 PORTIONEN

Erläuterungen österreichischer Ausdrücke

Backerbsen	Mehlerbsen
Beuschel	Lunge
Blinis	Buchweizenpfannkuchen
Blunzen	Blutwurst
Brät	Wurstfülle
Brimsen	ein Schafkäse
Buchweizen	eine Getreideart
Butterschmalz	durch Schmelzen haltbar gemachte Butter
Dalken	eine Art kleiner Eierkuchen
Dampfl	Hefestück
Dinkel	eine Weizenart
Dotter	Eigelb
Eierschwammerln	Pfifferlinge
Eiklar	Eiweiß
Eingetropftes	in die Suppe eingetropfter Teig
Einmach/Einbrenn	Mehlschwitze
Erdäpfel	Kartoffeln
Fisolen, grün	grüne Bohnen
Fisolen, gelb	Wachsbohnen
Fladen	flacher Kuchen
Fleckerln	quadratisch geschnittene Teigwaren
Fleischlaibchen	Frikadelle
Frittaten	nudelig geschnittener Eierkuchen
Frittatensuppe	Flädlesuppe
Gabelkraut	kurz gedünstetes Sauer- oder Weißkraut (ohne Bindung)
Germ	Hefe
Gerstel, gerieben	Teiggraupen
Graukäse	Tiroler Sauermilchkäse
Gröstel, Gröstl	Alpenländische Speise, in einer Pfanne geröstet
Grünkern	unreif geernteter Dinkel, der anschließend über Buchenfeuer getrocknet wird
Gruyère	Schweizer Hartkäse
Häuptelsalat	Kopfsalat
Heurige	Frühkartoffeln
Käferbohnen	große, dunkle Bohnen
Karfiol	Blumenkohl
Karotte	Möhre
Kas	Käse (alpenländischer Ausdruck)
Knödel	Klöße
Kohl	Wirsing
Kohlsprossen	Rosenkohl
Krakauer Wurst	Schinkenwurst
Krapferln	kleine Krapfen (Gebäck)
Kraut	Weißkohl
Kren	Meerrettich
Krusteln	Laibchen mit einer Kruste
Kukuruz	Maiskolben
Maroni	Edelkastanie
Melanzani	Eierfrucht, Aubergine
Nockerln	Klößchen
Obers	Süße Sahne
Omelett	Eierkuchen
Palatschinken	Eierkuchen
Paradeiser	Tomaten
Pfandl	kleine Pfanne, Gericht in einer Pfanne zubereitet (Umgangsprache)
Polenta	Maisgrieß
Pörkölt (ungarisch)	Ragout mit gehaltvollem Saft
Porree	Lauch
Puffer	Kartoffelpuffer (Kurzform)
Rein	flacher Kochtopf
Rindsuppe	Fleischbrühe
Ritschert	Speise aus Graupen und Hülsenfrüchten
Rollgerstel	Graupen
Rösti	geröstete Kartoffeln (Schweiz)
Rote Rübe	Rote Beete
Rotkraut	Rotkohl
Sauerrahm	Saure Sahne
Schlagobers	Schlagsahne
Schlickkrapfen	gefüllte Teigtaschen (Kärnten)
Schlutzkrapfen	gefüllte Teigtaschen (Tirol)
Schmalz	Schweinefett
Schmarren	eine süße Mehlspeise
Schöberln	Suppeneinlage
Schwammerln	Pilze
Semmel	Weißbrötchen
Semmelbrösel	Weckmehl
Senf	Mostrich
Stamperl	Stamper
Stanitzel	spitz zusammengedrehte Tüte
Sterz	eine bäuerliche Speise aus Mehl
Topfen	Quark
Vogerlsalat	Rapunzelsalat, Feldsalat

Geflügel

Entenjunges	Entenklein
Mastente	gemästete Ente

Rindfleisch

Beinfleisch	Zwerchried, Platte
Beiried	Rindsrippenstück, Roastbeef
Faschiertes	Hackfleisch
Lungenbraten	Lende, Filet
Rostbraten	Hochrippe
Schale	Oberschale
Schulterscherzel	Schaufelstück

Schweinefleisch

Bauchfleisch	Bauch, Bauchspeck
Filz	Schweinespeck
Geselchtes	Geräuchertes, Rauchfleisch
Grammeln	Grieben
Jungfernbraten	Filet, Lungenbraten
Kaiserfleisch	geräucherte Schweinsbrust
Karree	Schweinerücken
Kotelett	Karbonade
Schlögel	Keule
Schopfbraten	Schweinekamm
Schwarte	Haut
Schweinsripperln	Schweinsrippen

Maße und Gewichte

1 l = 1000 ccm	1 kg = 2 Pfund
1 l = 10 dl = 100 cl	1 kg = 1000 g
1/2 l = 5 dl = 50 cl	EL = Esslöffel
1/4 l = 2,5 dl = 25 cl	TL = Teelöffel
1/8 l = 1,25 dl = 12,5 cl	MS = Messerspitze
1 Stamperl, groß = 4 cl	TK = Tiefkühlware
1 Stamperl, klein = 2 cl	Pck. = Päckchen